자로, 공자의 제자가 되다

생생고전 04 논어

자로, 공자의 제자가 되다 학교도서관저널 추천

펴낸날 초판 1쇄 발행 2023년 10월 16일 | 초판 2쇄 발행 2025년 6월 1일

글쓴이 설흔 | **그린이** 안재선 | **감수** 한문희
편집 박유경 | **디자인** 김윤희 | **홍보마케팅** 이귀애 이민정 | **관리** 최지은 강민정
펴낸이 최진 | **펴낸곳** 천개의바람 | **등록** 제406-2011-000013호
주소 서울시 영등포구 양평로 157, 1406호
전화 02-6953-5243(영업), 070-4837-0995(편집) | **팩스** 031-622-9413

ⓒ설흔·안재선, 2023 | ISBN 979-11-6573-449-7 73140

* 『논어』 출처 : 『논어 – 인생을 위한 고전』, 김원중 옮김, 휴머니스트, 2019년

* 이 책은 저작권법에 따라 보호받는 저작물이므로 무단전재와 무단복제를 금지하며,
  이 책 내용의 전부 또는 일부를 이용하려면 반드시 저작권자와 천개의바람의 서면 동의를 받아야 합니다.

* 잘못 만든 책은 구입하신 서점에서 바꾸어 드립니다. 천개의바람은 환경을 위해 콩기름 잉크를 사용합니다.
* 종이에 베이거나 긁히지 않도록 조심하세요. 책 모서리가 날카로우니 던지거나 떨어뜨리지 마세요.

제조자 천개의바람 **제조국** 대한민국 **사용연령** 10세 이상

자로,
공자의
제자가 되다

설흔 글 | 안재선 그림 | 한문희 감수

차례

머리말 ········ 6

등장인물 소개 ········ 8

사람이 다쳤느냐? ········ 10

죽어도 후회하지 않을 사람이라면, 나는 함께하지 않을 것이다 ········ 22

삶을 알지 못하는데, 어찌 죽음을 알겠느냐? ········ 30

자기가 하고자 하지 않는 바를 남에게 하라고 하지 않는다 ········ 42

세 사람이 길을 가면, 그 가운데 반드시 나의 스승이 있다 ········ 52

한 해의 추위가 찾아온 다음에야 소나무와 잣나무가
늦게 시든다는 것을 안다 ········ 62

노인을 편안하게 해주고, 벗들에게는 믿음을 주고,
젊은이들을 품어주고자 한다 ········ 74

썩은 나무로는 조각할 수 없다 ········ 83

지나간 것을 알려주었더니 다가올 것을 아는구나 ········ 92

똑같은 잘못을 거듭하지 않는다 ········ 101

전수받은 것을 익히지 않았는가? ········ 110

머리말

여러분도 『논어』라는 책 이름은 한번쯤 들어보았을 것입니다. 서양에 『성경』이 있다면 동양에는 『논어』가 있습니다. 『성경』이 서양 역사에 엄청난 영향을 미쳤 듯 『논어』는 동양 역사에 엄청난 영향을 미쳤습니다. 두 책에는 또 다른 공통점들이 있습니다. 『성경』(정확히 말하면 신약이지요)의 주인공은 예수입니다. 하지만 『성경』을 쓴 사람은 예수의 제자들입니다. 『논어』의 주인공은 공자입니다. 하지만 『논어』를 쓴 사람은 공자의 제자들입니다. 『성경』을 처음부터 끝까지 다 읽은 사람은 드뭅니다. 『논어』를 처음부터 끝까지 다 읽은 사람 또한 드뭅니다.

제 생각에 『논어』는 처음부터 끝까지 줄줄이 다 읽어야 하는 책이 아닙니다. 재미있고 훌륭한 구절도 많지만, 지금 여러분이 읽기에는 어렵고 별 의미가 없는 구절이 많습니다. 그렇다면 『논어』를 어떻게 읽는 게 좋을까요?

재미있는 구절만 읽으면 됩니다! 처음부터 읽되, 재미가 없으면 넘어가고 마음에 드는 구절을 찾아 읽어보세요.

이 책은 『논어』를 어렵다고 느낄 여러분을 위해 쓰였습니다. 『논어』의 재미있고 중요한 구절들을 쉽게 읽을 수 있도록 꾸몄지요. 자로를 주인공으로 삼은 이유도 그래서입니다. 공자의 제자 자로는 엄숙한 사람도 아니고 공부를 무척 잘한 사람도 아닙니다. 단순하고 용감한 사람에 더 가깝습니다. 실수를 자주 하지만 배우고 성장하는 여러분과 닮은 점이 많습니다.

여러분이 자로가 되었다고 생각하고 읽어보시기 바랍니다. 『논어』가 가깝게 느껴질 것입니다. 이 책이 재미있었다면 『논어』 읽기에 도전해 보는 것도 좋겠습니다. 다시 말하지만 『논어』를 다 읽을 필요는 없습니다. 재미있는 구절만 읽으면 됩니다!

– 설흔

등장인물 소개

공자 기원전 551년에 지금의 중국에서 태어났습니다. 이름은 구인데 머리가 짱구라서 이름을 구라고 지었다는 설이 있지요. '구'는 한자로 '언덕'이라는 뜻이거든요. 이름 대신 부르는 '자'는 중니입니다. 공자는 아버지를 일찍 여의고 어머니 손에서 자랐습니다. 가정 형편이 어려워서 안 해본 일이 없습니다. 힘든 환경에서도 공자는 늘 공부하고 또 공부했습니다. 그랬기에 노나라에서 높은 벼슬을 할 수 있었지요. 공자는 쉬지 않고 전쟁이 벌어지던 시대가 끝나고 평화가 오기를 바랐지요. 공자는 자신을 원하는 나라를 찾아 전국을 떠돌았습니다. 그러나 공자를 원하는 나라는 없었습니다. 실망한 공자는 고향인 노나라로 돌아와 제자들을 가르치며 살다가 세상을 떠났지요.

자로 이름은 유이고, '자'가 자로 또는 계로입니다. 자로는 불같은 성격을 지닌 사람입니다. 말보다 행동이 먼저여서 공자는 자로에게 충고를 참 많이 했습니다. 자로는 말로는 알았다고 했지만, 같은 실수를 반복하곤 했습니다. 이렇게 말하면 형편없는 사람 같아도 자로는 공자의 뜻을 따르기 위해 많이 노력했습니다. 공자에게 이것저것 꼬치꼬치 캐묻기도 하며 늘 반성했지요. 사실 공자는 자로를 꽤 아꼈습니다. 자로는 도저히 미워할 수 없는 사람이었거든요!

일러두기
이 글의 주인공인 자로는 공자 곁에 가장 오래 머물렀던 제자입니다. 하지만 글의 재미를 위해 나중에 제자가 된 것으로 설정했습니다.

자공 이름은 사이고, '자'는 자공입니다. 자공은 여러 제자 중 가장 뛰어난 사람이었습니다. 모르는 게 없는 만물박사였는데 특히 경제 감각이 뛰어나서 공자의 뒷바라지를 했습니다. 요즈음에 태어났으면 훌륭한 CEO가 되었을 것입니다. 공자 역시 자공의 능력을 인정했지만, 최고로 꼽지는 않았습니다. 그랬음에도 자공은 평생 스승인 공자를 존경하며 살았습니다. 공자가 죽은 후 6년 동안이나 무덤을 지킨 사람이 바로 자공입니다.

안연 이름은 회, '자'는 자연이지만 연이라고도 불러요. 안연은 공자가 제일 아끼고 사랑한 제자였습니다. 하나를 알려주면 열을 알고, 공자의 생각을 꿰뚫고 있는 제자였지요. 집안이 찢어지게 가난했지만, 평생 공부만 하면서 살았습니다. 공자는 안연이 자신보다 더 훌륭한 사람이라고까지 말했습니다. 안타깝게도 안연은 세상을 일찍 떠났습니다. 공자는 안연이 죽자 '하늘이 나를 버리는구나' 하며 슬퍼했다고 합니다.

재아 이름은 여, '자'는 자아입니다. 재 씨라서 재아라고 불렸지요. 재아는 공자의 제자 중에서 가장 특이한 사람입니다. 말솜씨가 뛰어난 재아는 사사건건 공자에게 따지고 들었습니다. 공자는 재아의 질문에 때로는 화를 냈고, 때로는 한숨을 쉬었고, 가끔은 할 말을 찾지 못하기도 했습니다. 재아에게는 단점이 있었습니다. 몹시 게으르다는 것이었지요. 그래서인지 『논어』에서 재아가 나오는 장면은 무척 재미있기도 하답니다.

제자 자로의 이야기

사람이 다쳤느냐?
(향당)

내 이름은 자로다. 힘세고 잘생겼다. 머리도 좋은 편이다. 내 입으로 말하자니 쑥스럽지만 틀림없는 사실이다. 실컷 자랑했으니 내 꿈도 밝히고 싶다. 내 꿈은 성공한 사람이 되는 것이다! 첫 번째 목표는 '귀족 가문의 관리 되기'이다. 그 후엔 남들이 부러워하는 높은 자리에 올라 돈과 명예를 모두 얻고 싶다. 높은 자리란, 바로 한 나라의 임금님이다. 나라고 임금님이 되지 말라는 법은 없으니까!

나도 안다. 이루기 어려운 꿈이기는 하다. 나는 시골 출신에 신분이 낮다. 가진 돈도 없고 지식도 부족하다. 당장 할 수 있는 일이 없으니 친구들과 놀러 다니는 게 전부다. 그래도 속으로는 늘 이렇게 생각해 왔다.

'하루하루를 허비하고 살아서는 안 돼!'

하지만 그래서 뭘 어떻게 해야 하는지에 이르면 머리가 텅 비고 만다. 나 같은 사람이 성공하는 방법을 도무지 알 수가 없었다. 답을 모르니 되는대로 그냥 살 수밖에.

그러던 어느 날 이웃 마을에 공자라는 분이 살고 있다는 말을 들었다. 처음에는 관심 없었다. 그러다 누군가에게 들은 한마디가 머리에 콕 박혔다.

"예전에 높은 벼슬을 했는데 지금은 제자들을 가르치고 있다나 봐."

높은 벼슬을 한 사람이라니! 너무 기뻐서 그 자리에서 팔짝 뛰었다. 귀족 가문 출신이 아닌데 나라에서 높은 벼슬까지 한 분이라면 분명 성공하는 방법을 알 것이다. 하늘이 내려주신 이 기회를 놓칠 수는 없다. 나는 집으로 갔다. 수탉 꼬리 관을 쓰고 멧돼지 가죽띠를 맨 모습이 제법 멋졌다. 나는 실실 웃으며 한달음에 공자의 집으로 갔다.

 집을 보고는 조금 실망했다. 별로 크지 않았고, 꽤 낡아 보였다. 집이 사람으로 바글바글했다. 아마도 제자들일 것이다. 공자와 제자들은 좁은 뜰을 천천히 걸으며 이야기를 나누고 있었다. 나는 공자가 누군지 한눈에 알아보았다. 키가 껑충 크고, 기골이 장대했다. 나이 지긋한 분이 사람들 한가운데에 있으니 그 사람이 공자가 아니면 누구겠는가? 나는 공자에게 달려가 곧장 엎드렸다.

 "선생님의 제자가 되고 싶습니다."

제자 한 명이 다가와 나를 끌어내려 했다.

"갑자기 나타나서 앞을 가로막으면 어떻게 합니까? 예절도 모르오?"

매서운 말에도 끌려 나가지 않으려고 온몸에 힘을 주고 버텼다. 공자가 말했다.

"재아야, 마루로 안내해라."

재아는 그제야 내 몸에서 손을 떼었다. 나는 재아를 째려본 후 공자 뒤를 따라 마루로 올라갔다. 공자에게 정중하게 절을 하고는 찾아온 이유를 또박또박 다시 말했다.

"아까도 말했다시피 선생님의 제자가 되고 싶습니다."

공자가 웃으며 물었다.

"이름은 어떻게 되는가?"

내 정신 좀 봐. 내가 예절을 무시하기는 했구나. 나는 곧바로 대답했다.

"죄송합니다. 제 이름은 유이고 자는 자로입니다."

공자가 내 옷을 살폈다. 그런 후 얼굴을 보고는 물었다.

"공부를 좋아하느냐?"

"네."

거짓말이었다. 책을 펼치면 곧바로 하품이 나온다. 책 읽을 시간이 있으면 무예를 단련하거나 사냥을 하는 게 낫다. 하지만 나도 머리가 있다. 사실대로 말하면 제자가 되기 힘들 테니 공부를 좋아한다고 대답했다. 공자는 천천히 고개를 끄덕인 후 말했다.

"이 세상에 공부보다 맛난 것은 없다네. 배우고 그것들을 다시 익히는 것보다 기쁜 일은 없지. 사람이 사람다우려면 공부를 게을리해서는 안 된다네……."

느릿느릿한 말투, 중간중간 하늘을 보는 모습, 끝도 없이 이어지는 공부 이야기에 하마터면 깜빡 졸 뻔했다. 눈에 힘을 주고 듣는 척하면서 속으로 생각했다.

'역시 공부 타령만 하는군. 나라에서 높은 벼슬을 했다기에 좀 다를 줄 알았더니.'

나는 속으로 한숨을 내쉬었다. 나는 힘을 잘 쓰는 사람이었다. 책상에 앉아서 하는 공부는 내 길이 아니었다. 자리에서 일어날 때를 찾았다. 공자의 말씀이 끝나면 정중하게 인사를 하고 오늘은 바빠서 이만……. 바로 그때였다. 누군가 문을 열고 들어와 외쳤다.

"선생님, 마구간에 큰불이 났다고 합니다."

제자들이 웅성거렸다. 그럴 만했다. 말은 값비싼 재산이다.

말이 다치거나 죽기라도 했다면 손해가 막심할 것이다. 누군지 제대로 사고를 쳤다. 공자는 소식을 전한 제자에게 물었다.

"사람이 다쳤느냐?"

그 말을 듣는 순간 머리가 멍해졌다. 나는 값비싼 말만 생각했다. 사람 걱정은 아예 하지도 않았다. 그런데 공자는 재산이 아닌 사람의 목숨부터 챙겼다. 마구간지기가 대단한 사람도 아닌데 말이다.

'말보다 사람을 먼저 생각하다니……. 뭔가 마음이 찡한걸. 어쩌면 얻을 게 있을지도 모르겠어.'

나는 생각을 바꿨다. 공자 곁에 머물며 배울 게 있는지 좀 더 살펴보고 싶어졌다. 몸가짐을 바로 하고 공자에게 말했다.

"사람을 먼저 생각하시는 선생님께 깊이 감동했습니다. 제자가 되고 싶습니다."

공자가 웃으며 말했다.

"그럼 제자로 받아주겠네. 수업료를 내야 하는 건 알고 있나?"

이럴 수가. 공자도 그저 돈을 밝히는 보통 사람인 것일까? 머리를 긁적이는 내게 공자가 말했다.

"수업료는 육포 한 꾸러미일세."

"네?"

"스스로 말린 고기 열 묶음 이상을 가져오면, 나는 일찍이 가르쳐주지 않은 적이 없네."

말린 고기 열 묶음 정도는 가난한 나도 쉽게 구할 수 있었다. 공자는 참 이상한 사람이었다. 어쨌거나 이 기회를 놓칠 수는 없었다.

나는 "알겠습니다!" 하고 큰 소리로 대답했다. 우렁찬 내 목소리에 제자들이 깜짝 놀랐다. 나의 선생님이 된 공자는 그저 빙긋 웃고 있었다.

공자의 『논어』

사람이 중요하다 _ 향당 10.12

마구간에 불이 났다.
공자께서 조정에서 물러나와 말씀하셨다.
"사람이 다쳤느냐?"
[그러고는] 말에 대해서는 묻지 않으셨다.

> 廐焚. 子退朝, 曰: "傷人乎? 不問馬."
> 구 분   자 퇴 조   왈   상 인 호   불 문 마

최소한의 예의 _ 술이 7.7

공자께서 말씀하셨다.
"스스로 말린 고기 열 묶음 이상을 [예물로] 가져오면, 나는 일찍이 가르쳐 주지 않은 적이 없다."

> 子曰: "自行束脩以上, 吾未嘗無誨焉."
> 자 왈   자 행 속 수 이 상   오 미 상 무 회 언

『논어』 깊이 보기

공자가 살던 시대에 말은 지금으로 치면 자동차나 마찬가지였어요. 말은 전쟁에서도 중요한 역할을 했지요. 그래서 말의 값어치가 무척 높았어요. 이익을 중요하게 여기는 사람이었다면 말의 피해부터 물어봤겠지요. 공자는 사람의 생명을 무엇보다 중요하게 여기는 분이었어요. 그래서 사람이 다치지 않았는지 먼저 물어본 것이지요.

또 공자는 자신에게 배우러 오는 제자들을 늘 환영했습니다. 하지만 빈손으로 오는 제자는 받아들이지 않았습니다. 왜 그랬을까요? 공부하러 오는 이들은 최소한의 예의를 갖추어야 한다고 생각했기 때문이에요. 이 부분은 현대 심리학으로도 분석할 수 있답니다. 사람은 공짜로 얻는 것을 귀하게 여기지 않아요. 하지만 100원이라도 내면 마음가짐이 달라지지요. 어쩌면 공자는 심리학의 대가였는지도 모르겠습니다.

공자는 '인(仁)'을 굉장히 자주 이야기했습니다. 『논어』에 기록된 횟수가 무려 105번이랍니다. '인'은 쉽게 말하면 따뜻한 마음입니다. 조금 더 깊이 들여다보면 다른 사람을 나처럼 아끼는 따뜻한 마음이지요. 번지라는 제자가 '인'이 무엇이냐고 묻자 공자는 '사람을 사랑하는 것'이라고 대답했습니다.

공자가 살던 시대는 전쟁의 시대였습니다. 주나라의 힘이 약해지자 중국은 여러 나라(제후국이라고 합니다)가 다투는 시대로 접어들었습니다. 전쟁이 끊이지 않았고, 백성들이 고통을 받았습니다. 공자는 이러한 시대를 끝낼 방법으로 '인'을 말씀하셨던 것이지요.

하나 더, '인'이라는 한자가 두 명의 사람을 뜻한다는 것도 재미있습니다. 조금 어려운 말로 하면 사람과 사람의 연대인 것이지요.

제자 자로의 이야기

죽어도 후회하지 않을 사람이라면, 나는 함께하지 않을 것이다

〈술이〉

오늘은 선생님과 함께하는 첫 공부 모임이 있는 날이다. 나는 어제 입었던 옷을 다시 입고 갔다. 다들 마루에 모여 있었다. 나는 선생님에게 정중히 인사하고 제자들 사이에 앉았다. 이름을 아는 이가 재아밖에 없어 그 옆에 앉았더니 재아가 싫은 티를 팍팍 냈다. 나는 일부러 재아 곁에 바싹 붙어 앉았다. 누군가 물었다.

"물건을 아끼지 않는 사람이 저지르는 잘못은 무엇입니까?"

선생님이 대답했다.

"사치스럽게 살면 거만해진다."

누군가 물었다.

"지나치게 절약하는 것도 문제 아닙니까?"

선생님이 대답했다.

"절약만 하면 쫀쫀해진다."

선생님의 대답을 듣고 모두 웃었다. 나는 별로 재미있지 않았다. 그래도 따라 웃었다. 누군가 또 물었다.

"둘 중 하나를 택하라면 어느 쪽을 택하시겠습니까?"

선생님이 대답했다.

"불손하기보다는 차라리 고루하라."

선생님의 대답에 다들 고개를 끄덕였다. 나도 따라서 고개를 끄덕였다. 선생님의 말씀이 무슨 말인지 알 것 같으면서도 전부 다 이해가 되지는 않았다. 그런데 이런 얘기는 다 큰 어른들이 모여서 나누기에는 지나치게 사소한 이야기 아닌가? 공부 모임이 어려울 줄 알고 긴장하고 있었는데, 거만하든 쫀쫀하든 그게 뭐 그렇게 중요한가? 또 어떤 제자가 물었다.

"선생님, 씨앗은 어떻게 뿌리는 게 좋습니까?"

하마터면 화를 낼 뻔했다. 선생님에게 물어볼 것이 그렇게들 없는가? 선생님이 뭐 농부인가? 선생님도 나와 같은 생각인 듯했다. 선생님이 얼굴을 살짝 찌푸리며 대답했다.

"나라고 다 아는 건 아니다. 그건 나이 지긋한 농부에게 물어봐야지."

선생님의 대답에 다들 고개를 끄덕였다. 이것 참, 이게 고개를 끄덕일 만한 대답인가? 아무래도 분위기를 바꿔야겠다. 수준을 좀 높여야 할 것 같았다. 나는 선생님을 보며 말했다.

"선생님, 변장자 아시지요?"

"알고말고. 호랑이를 두 마리나 잡고 전쟁에서 맹활약한 용맹한 사람 아니던가?"

나는 어깨에 힘을 주며 말했다.

"제가 바로 그 변장자와 같은 변나라 출신입니다. 변장자의 기운을 받아서 그런지 저도 힘을 좀 쓰지요. 자, 이 우락부락한 근육을 좀 보세요. 만져봐도 됩니다!"

나는 팔과 다리에 힘을 잔뜩 주었다. 너무 무리해서 땀이 줄줄 날 정도로.

다들 와, 하고 감탄할 줄 알았다. 자기들 같은 샌님들과는 차원이 다른 사람이라 생각할 줄 알았다. 그런데 이게 웬걸, 표정들이 떨떠름했다.

여기 모인 사람들은 세상 물정을 모르는 사람들 같았다. 여러 나라가 매일 같이 전쟁을 하고 있다. 지금은 용맹한 장수를 최고로 치는 시대다. 힘으로 남을 제압하지 않고는 버틸 수 없는 시대 아닌가? 이 떨떠름한 반응은 도대체 뭘까? 믿을 사람은 선생님밖에 없었다. 선생님에게 물었다.

"선생님께서 삼군을 거느리신다면 누구와 함께하시겠습니까?"

선생님은 지혜로우시니 분명 내 이름을 말할 것이다. 떨떠름한 표정을 짓고 있는 이 사람들도 선생님의 의견을 무시하기는 힘들 것이다. 선생님이 잠깐 생각하고 대답했다.

"맨손으로 호랑이를 잡으려 하고 맨몸으로 강물을 건너려다 죽어도 후회하지 않을 사람이라면, 나는 함께하지 않을 것이다. 반드시 일에 임해서는 두려워할 줄 알고 계획을 잘 세워 성공하는 사람이다."

나는 큰 충격을 받았다. 선생님이 내 이름을 콕 집어 말한 것은 아니었다. 하지만 용기만 앞세워 맨손으로 호랑이를 잡으려 하는 사람이 나를 가리킨다는 것을 알아채지 못할 제자는 없었다. 속상한 내 마음은 모르고 선생님과 제자들은 또다시 사소한 이야기들, 예를 들면 절을 제대로 하는 법, 음식을 가려 먹는 법 같은 이야기를 나누었다. 그러던 중 선생님의 한마디가 머리에 새겨졌다.

"남한테 인정받으려 애쓰지 마라. 자신이 능력을 제대로 갖추었는지부터 살펴라."

가슴이 철렁했다. 안 그래도 내가 했던 말을 속으로 계속 곱

씹고 있던 참이었다. 나라는 인간의 능력에 대해 곰곰 생각하던 참이었다. 꼭 나를 위해 한 말 같았다. 자신을 돋보이려고 하기 전에, 찬찬히 자신의 능력부터 살펴보라고 충고하신 게 아닐까? 선생님의 시선은 나를 향해 있지 않았다. 나는 내게 한 말이라 멋대로 믿고 가슴에 새겼다. 선생님 밑에서 금방 성공의 비법을 배울 수 있을 것 같지는 않았다. 하지만 선생님은 묘한 궁금증을 일으키는 분이었다. 자꾸 나를 되돌아보게 만들고 있었다.

'성공은 잠시 미루자. 우선은 선생님에게 인정받고 싶다.'

나는 주먹을 쥐고 속으로 중얼거렸다. 내일은 반드시 선생님에게 인정받을 것이다! 나 자로가 중요한 사람임을 선생님에게 알릴 것이다. 선생님이 내 마음을 읽은 듯 웃으며 말했다.

"내일은 좀 수수하고 편한 복장을 갖추는 것이 어떻겠느냐?"

나는 기세 좋게 네, 라고 대답했다. 제자들이 놀라 나를 돌아보았다. 선생님이 빙긋 웃었다.

공자의 『논어』

사치보다는 검소 _ 술이 7.35

공자께서 말씀하셨다.
"사치스러우면 불손해지고, 검소하게 되면 고루해진다. 불손하기보다는 차라리 고루하라."

> 子曰: "奢則不孫, 儉則固. 與其不孫也, 寧固."
> 자왈   사즉불손   검즉고   여기불손야   영고

용기와 만용 _ 술이 7.10

공자께서 안연에게 말씀하셨다.
"등용되면 나아가고 버려지면 숨는 것, 오직 나와 너만이 이같이 할 수 있을 것이다."
자로가 여쭈었다.
"선생님께서 삼군을 거느리신다면 누구와 함께하시겠습니까?"
공자께서 말씀하셨다.
"맨손으로 호랑이를 잡으려 하고 맨몸으로 강물을 건너려다 죽어도 후회하지 않을 사람이라면, 나는 [그런 사람과] 함께하지 않을 것이다. [내가 함께할 자는] 반드시 일에 임해서는 두려워할 줄 알고 계획을 잘 세워 성공하는 [그런] 사람이다."

> 子謂顏淵曰: "用之則行, 舍之則藏, 惟我與爾有是夫."
> 자위안연왈   용지즉행   사지즉장   유아여이유시부
>
> 子路曰: "子行三軍, 則誰與?" 子曰: "暴虎馮河, 死而無悔者,
> 자로왈   자행삼군   즉수여   자왈   포호빙하   사이무회자
>
> 吾不與也. 必也臨事而懼, 好謀而成者也."
> 오불여야   필야림사이구   호모이성자야

『논어』 깊이 보기

돈이 많으면 훌륭하고, 돈이 없으면 못났다고 생각하는 경우가 많습니다. 공자는 돈의 많고 적음과 사람됨이 훌륭하고 모자란 것과는 관계가 없다고 생각했습니다. 그랬기에 부자라고 거만하게 행동하거나 가난하다고 고루하게 구는 것 둘 다 못마땅하게 여겼습니다. 둘 중 하나를 골라야만 한다면 공자는 고루하게 구는 쪽을 택합니다. 거만하면 다른 사람에게 피해를 주게 되지만, 고루하면 꼴은 우스워도 남들에게 피해는 주지 않습니다. 이것이 공자가 고루한 쪽을 선택한 이유입니다.

가정 형편이 좋지 않았던 공자는 눈물 나는 노력을 통해 52살에 노나라의 고위 관리가 되었습니다. 법률을 집행하는 최고 관리인 '대사구'라는 벼슬이었지요. 공자는 노나라의 앞날에 도움이 될 말들을 했지만 노나라 임금님은 개혁에 별 관심이 없었지요. 그래서 공자는 자신을 받아줄 나라를 찾아 떠돌아다니게 됩니다. 하지만 평화를 강조하는 공자의 생각은 별로 환영받지 못했습니다. 결국 공자는 다시 노나라로 돌아와 제자 교육에 온 힘을 기울이다가 73살의 나이에 세상을 떠납니다.

공자의 제자는 크게 두 부류로 나뉩니다. 공자가 노나라에 있던 시절부터 제자로 있던 이들을 전기 제자라 부르고, 천하를 떠돌아다닌 시절부터의 제자들을 후기 제자라 부릅니다. 자로, 자공, 안연, 재아 같은 이들이 전기 제자입니다.

제자 자로의 이야기

삶을 알지 못하는데, 어찌 죽음을 알겠느냐?

(선진)

나는 작전을 바꿨다. 지금까지는 나를 대놓고 알리려고 했다. 하지만 철없이 촐랑거리는 모습은 선생님의 취향이 아닌 것 같았다. 그래서 겸손하고 착실한 제자처럼 보이기로 했다. 나는 선생님이 특히 좋아하는 자공이나 안연 같은 제자와 비슷해 보이도록 꾸몄다. 옷을 수수하게 입고, 선생님을 흉내 내어 느릿느릿 힘을 빼고 말했다. 질문 내용도 바꾸었다. 용기, 힘 같은 단어는 입에 담지 않고 고상해 보이는 질문만 준비했다. 이름하여 은근슬쩍 알리기 작전이다.

선생님과 제자들은 한창 제사 이야기를 나누고 있었다. 지루했다. 제사야 적당히 지내면 되는 거 아닌가? 한 달에 두세 번이나 있는데……. 이야기가 잠깐 끊어진 틈을 타 고상하고 수준 높은 질문을 휙 던졌다.

"제사는 귀신에게 지내는 것이지요. 그렇다면 귀신을 제대로 모시는 방법은 무엇입니까?"

하하, 나는 선생님이 기쁜 듯 웃으며 대답해주리라 여겼다. 선생님이 얼굴을 찌푸리고는 내게 말했다.

"사람을 섬기지도 못하면서, 어떻게 귀신을 섬길 수 있겠는가?"

말투는 부드러웠어도 나를 따끔하게 혼내는 말이었다. 몇몇

제자들이 그럴 줄 알았다는 듯 자기들끼리 고개를 끄덕이며 귓속말을 했다. 나는 화가 났다. 선생님이 귀가 어두워서 내 질문을 잘 듣지 못한 것 같았다. 그래서 조금 풀어서 자세하게 다시 물었다.

"제가 주제넘었다는 것은 압니다. 하지만 중요한 문제이니까 다시 묻겠습니다. 사람이 죽으면 어떻게 되는 건지 꼭 알고 싶습니다."

"삶을 알지 못하는데, 어찌 죽음을 알겠느냐?"

선생님의 호통에 그야말로 깜짝 놀랐다. 선생님이 이토록 화를 내는 건 처음 보았다. 선생님과 오래 알고 지낸 제자들조차 놀라 당황했다. 선생님은 잠깐 쉬겠다면서 방으로 들어갔다. 이런저런 일을 도맡아 하는 수제자 자공이 내게 말했다.

"정말 화가 나시진 않았을 거야. 그래도 앞으로는 생각을 좀 하고 질문하는 게 좋겠다."

더 생각하라고? 나로서는 깊이 생각한 질문이었다. 선생님이 호통을 쳤으니 많이 생각하고 질문한 거라고 변명할 수 없었다. 재아가 밉살스럽게 말했다.

"오늘은 변장자 이야기는 안 하기로 했나? 머리에 꽂았던 화

려한 장식은 어디로 사라졌지?"

재미있는 농담이라도 한 듯 혼자 깔깔대는 재아가 정말 얄미웠다. 재아는 너무 가벼웠다. 선생님은 왜 저런 인간을 제자로 둔 것일까?

그 뒤 며칠이 나에게는 악몽과 같았다. 선생님에게 여러 번 혼났고, 심하게 무시당했다. 전부 다 이야기하긴 창피하니 몇 가지만 골라서 말하겠다. 선생님과 제자들이 백성을 괴롭히는 못된 관리 이야기를 나누었다. 의견을 묻기에 나는 평소 생각대로 말했다.

"못된 관리는 싹 쓸어 없애 버려야 합니다."

선생님은 곧바로 내 의견을 평가했다.

"자로야, 너는 너무 거칠고 위험하구나. 큰 사고를 칠까 염려된다."

선생님의 한숨 소리가 내 귀에까지 들릴 정도였다. 또 어느 날에는 옳은 일이란 무엇인가 하는 이야기가 나왔다. 선생님에게 물었다. 칭찬받으리라는 믿음이 있었기에 자신 있게 나선 것이다.

"정당한 일을 들은 것을 바로 실행해야 합니까?"

선생님이 대답했다.

"큰일 날 소리 하지 마라. 집안에 어른들이 살아 계신다. **부형이 계시면 어떻게 듣는 대로 곧바로 실행할 수 있겠느냐?**"

내 예상과 다른 대답이었다. 고개를 갸웃했다.

'그럼 행동하지 말고 꾹 참으라는 건가?'

염유는 한눈을 팔았거나 내 질문을 못 들었던 모양이다. 염유가 선생님에게 똑같이 다시 물었다.

"**들은 것을 바로 실행해야 합니까?**"

선생님은 잠깐 생각한 후 대답했다.

"**들으면 바로 실행해야 한다.**"

나는 내 귀를 의심했다. 선생님이 내가 물었을 때와는 완전히 다른 답을 했다. 내가 원하던 답이었다. 화가 나서 얼굴이 붉어졌다. 바보가 된 기분이었다. 선생님은 어느 날 이런 말까지 했다.

"자로가 거칠게 연주하는 거문고 소리가 어떻게 내 집 안에서 들리느냐?"

나는 이렇게 생각할 수밖에 없었다.

'선생님은 왜 나만 무시하고 미워하는 걸까?'

다른 제자들도 나처럼 생각했는지 그 뒤로 몇몇 제자들이 나를 함부로 대하기 시작했다. 변장자 이야기를 꺼내며 실실 웃거나, 심각한 얼굴을 하고는 내게 다가와 이렇게 물었다.

"자네, 죽음이 뭔지 내게 알려줄 수 있는가?"

아, 이건 아니었다. 선생님 곁에 더 머무는 건 의미가 없다. 제자들이 함부로 하는 것이야 아무래도 좋다. 하지만 선생님이 나를 인정해주지 않으니 하루하루가 괴로웠다. 성공하는 길도 모르겠는데 외톨이가 된 기분이었다.

공부를 그만두기로 마음먹고 집에서 쉬었다. 오후 늦게 집에서 나와 선생님 집으로 향했다. 이제 선생님 곁을 떠나겠다고 말하기 위해서였다. 선생님 집 앞에 도착했을 때 선생님의 목소리가 들렸다.

"다들 자로를 무시하지 마라. 깨달음을 집에 비유하자면 자로는 이미 마루까지 올라왔다. 아직 방에 들어오지 못했을 뿐이다. 뜰에 머물러 있는 너희 대부분보다 훨씬 낫다."

뜻밖의 말이었다. 재아의 뾰로통한 목소리가 들렸다.

"그런데 왜 그렇게 자로를 엄격하게 대하십니까?"

"자로가 너무 드세기 때문이다. 자로는 좀 더 부드러워져야 한다. 그 결점을 고치면 자로는 군자, 올바른 사람이 될 것이다."

하마터면 눈물을 흘릴 뻔했다. 선생님은 나를 무시하는 게 아니었다. 내 거친 성격을 염려하는 것이었다. 제자 공서화가 물었다.

"자로와 염유는 똑같은 질문을 했는데 선생님의 답이 달랐습니다. 그 이유가 궁금합니다."

공서화답게 핵심을 콕 짚은 질문이었다. 선생님이 제자들을 찬찬히 둘러보고는 말했다.

"염유는 곧잘 머뭇거린다. 그래서 들으면 바로 행동하라고 한 것이다. 반면 자로는 머리보다 몸이 앞선다. 항상 앞에 나서고 돋보이기를 원하지. 그래서 한걸음 물러나도록 한 것이다."

자공이 감탄하며 말했다.

"각자에게 맞는 답을 하신 거로군요!"

눈물이 마구 흘러내렸다. 선생님은 나를 무시한 게 아니라 나에게 꼭 맞는 가르침을 베푼 것이었다. 아, 이토록 현명하신 분이 나의 선생님이라니! 나는 선생님에게 달려가며 외쳤다.

"그런 줄도 모르고 선생님을 원망했습니다. 앞으로 다시는 그러지 않겠습니다!"

갑자기 나타난 나를 보고 놀란 표정을 지었던 선생님이 곧 다른 날처럼 빙긋 웃었다.

공자의 『논어』

삶과 죽음 _ 선진 11.11

계로(자로이며 '계'는 서열을 뜻함)가 귀신 섬기는 것에 대하여 여쭈었다. 공자께서 말씀하셨다.
"사람을 섬기지도 못하면서, 어떻게 귀신을 섬길 수 있겠는가?"
[계로가] 여쭈었다.
"감히 죽음에 대해 묻겠습니다."
[공자께서] 말씀하셨다.
"삶을 알지 못하는데, 어찌 죽음을 알겠느냐?"

> 季路問事鬼神. 子曰: "未能事人, 焉能事鬼?" 曰: "敢問死."
> 계로문사귀신 자왈 미능사인 언능사귀 왈 감문사
>
> 曰: "未知生, 焉知死?"
> 왈 미지생 언지사

다른 교수법 _ 선진 11.21

자로가 여쭈었다.
"정당한 일을 들은 것을 바로 실행해야 합니까?"
공자께서 말씀하셨다.
"부형이 계시면 어떻게 듣는 대로 곧바로 실행할 수 있겠느냐?"
염유가 여쭈었다.
"들은 것을 바로 실행해야 합니까?"

공자께서 말씀하셨다.
"들으면 바로 실행해야 한다."
공서화가 여쭈었다.
"유(자로)가 '들은 것을 바로 실행해야 합니까?'라고 여쭈었을 때는 선생님께서 말씀하시길 '부형이 계시다면'이라고 하셨고, 구(염유)가 '들은 것을 바로 실행해야 합니까?'라고 여쭈었을 때는 '들으면 바로 실행해야 한다'라고 말씀하셨습니다. 저는 의아하여 감히 여쭙습니다."
공자께서 말씀하셨다.
"구는 물러나므로(소극적이라는 뜻) [적극적으로] 나아가게 한 것이고, 유는 다른 사람을 이기려 하므로 물러서도록 한 것이다."

子路問, 聞斯行諸? 子曰: "有父兄在, 如之何其聞斯行之?"
자로문 문사행저 자왈 유부형재 여지하기문사행지

冉有問, "聞斯行諸?" 子曰: "聞斯行之."
염유문 문사행저 자왈 문사행지

公西華曰: "'由也問聞斯行諸' 子曰: '有父兄在'
공서화왈 유야문문사행저 자왈 유부형재

'求也問聞斯行諸?' 子曰: '聞斯行之.' 赤也惑, 敢問."
구야문문사행저 자왈 문사행지 적야혹 감문

子曰: "求也退, 故進之. 由也兼人, 故退之."
자왈 구야퇴 고진지 유야겸인 고퇴지

『논어』 깊이 보기

'삶과 죽음_선진 11.11' 항목은 자로가 공자에게 크게 혼나는 유명한 대목입니다. 사실 자로의 입장에서는 억울할 만도 합니다. 제사를 지내는 방법은 공자가 무척 중요하게 여기는 부분이었습니다. 의로운 죽음도 공자가 늘 말씀하던 사항이었고요. 그런데 왜 공자는 자로에게 화를 냈을까요?

제사가 중요한 문제이긴 하지만 살아 있는 사람으로서 하루하루 열심히 보내는 게 더 중요한 일이기 때문입니다. 자로가 인품을 닦는 대신 그다음 단계인 죽음의 문제에 관심을 보이자 중요한 게 무엇인지 깨달으라고 따끔하게 혼낸 게 아닐까요?

공자의 말씀을 따르는 유교에서는 제사를 중요하게 여깁니다. 공자의 시절에도 제사는 중요한 행사였지요. 논어에는 이런 내용이 있습니다.

경건한 마음 (팔일)

[공자께서는] 제사를 지낼 때 [조상이] 마치 [살아] 있는 듯이 하셨고, 신에게 제사 지낼 때는 마치 신이 거기에 계신 듯이 하셨다. 공자께서 말씀하셨다.

"내가 제사에 참여하지 않으면, 마치 제사를 지내지 않은 것과 같다."

제사의 대상은 조상님과 신이지요. 공자가 말하는 '신'은 사람들의 삶을 좋게 만든 옛 성인들을 가리킵니다. 우리를 낳아 길러주신 조상님과 우리의 삶을 좋게 만든 옛 성인들에게 존경의 마음을 드러내기 위해 제사를 지내는 것이지요. 공자는 제사를 사람이 지켜야 할 기본적인 예절이라 여겼습니다.

제자 자로의 이야기

자기가 하고자 하지 않는 바를 남에게 하라고 하지 않는다

(위령공)

　오늘은 선생님이 궁궐에 들어가는 날이었다. 임금님이 만나고 싶다고 특별히 요청했기 때문이다. 선생님은 혼자서 가겠다고 했다. 수레도 타지 않고 걸어서 가셨다. 제자들은 문밖에서 선생님을 배웅한 후 흩어졌다. 나는 집으로 돌아가는 척하다가 선생님의 뒤를 밟았다. 나쁜 뜻에서 그런 건 아니다. 그저 선생님의 평소 모습을 관찰하고 싶었다. 솔직히 털어놓자면 이렇게 생각했다.

　'혼자 있을 땐 좀 흐트러지시겠지.'

　선생님은 여러 관리를 만나 인사를 나누었다. 직급이 높은 관리가 나타나자 정중한 태도로 인사했다. 선생님의 모습에 위엄이 서려 있었다. 직급이 높은 관리도 나와 똑같이 느꼈던 것 같다. 선생님을 어려워하는 마음이 멀리서도 느껴졌다. 선생님은 벼슬이 없었다. 그런데도 태도만으로 상대를 주눅 들게 만들었다.

잠시 후 직급이 낮은 관리가 인사를 할지 말지 망설이다가 선생님에게 다가왔다. 선생님은 손을 내밀며 반갑게 맞이했다. 직급이 높은 관리를 대할 때와는 딴판이었다. 큰형님처럼 따뜻하게 대하는 선생님의 태도에 직급이 낮은 관리가 감격했다. 인사를 마친 선생님이 궁궐로 들어갔다.

궁궐의 문이 넓은데 몸을 잔뜩 구부리고 들어가는 모습이 이상해 보였다. 나는 혼잣말로 중얼거렸다.

"넓은 문을 왜 저렇게 들어가실까?"

자공이 내 어깨를 치며 말했다.

"임금님을 존경하는 태도를 드러내시는 거라네."

자공이 갑자기 나타나 깜짝 놀라 물었다.

"여기서 무엇을 하는가?"

"선생님이 외출하시면 늘 뒤를 따른다네. 혹시 일이 생기면 안 되니까."

수제자 자공다웠다. 자공이 무슨 일로 선생님 뒤를 따라왔냐고 묻는 듯 나를 쳐다보았다. 둘러대려다가 그냥 솔직하게 말하기로 했다.

"선생님의 평소 모습을 관찰하고 싶었다네."
나는 자공에게 내가 느낀 점을 말했다.
"높은 사람에게 굽신거리지 않고, 낮은 사람에게 거만하지 않은 선생님의 태도가 참 놀랍네."
자공이 말했다.

"그래서 임금님도 선생님을 어려워한다네."
그 이유를 묻자 자공은 이렇게 대답했다.
"말 한마디, 행동 하나도 법도에 어긋나지 않으시거든."
과연 선생님다웠다.

자공과 이야기를 나누다 보니 선생님이 궁궐에서 나왔다. 선생님은 천천히 걸어서 집으로 향했다. 가는 길에 만난 마을 사람이 선생님을 집으로 초대했다. 마을 사람들이 모여 잔치를 하고 있다고 했다. 신분이 낮은 사람의 초대라 나는 선생님이 거절하리라 생각했다. 그렇지 않았다. 선생님은 기쁜 표정으로 마을 사람의 집으로 갔다. 나는 담장에 머리를 내밀고 선생님을 관찰했다. 선생님은 한자리에 가만히 앉아 있지 않았다. 노인이 들어올 때마다 자리에서 일어나 인사했다.

'나이로 보나 위치로 보나 선생님이 일어나 인사할 필요는 없을 텐데.'

내 생각을 읽은 자공이 말했다.

"선생님은 지팡이 든 사람이 오면 늘 자리에서 일어나 인사를 하신다네. 나이 든 사람을 존경하는 마음인 것이지."

나는 고개를 끄덕였다. 선생님은 알면 알수록 대단한 사람이

라는 생각이 들었다. 말로 하기 어려운 무언가가 선생님에게 있었다.

　잠시 후 선생님이 밖으로 나왔다. 선생님 집이 멀지도 않은데 집에 가기까지 시간이 참 많이 걸렸다. 나이 든 사람을 만나면 멈춰서 인사했고, 눈이 먼 사람에게도 예의를 갖췄다. 상대가 선생님이 있는 것을 알든 모르든 그 사람이 다 지나갈 때까지 서서 기다렸다. 공문서를 가지고 가는 관리를 만나자 또 멈추어 고개를 숙였다.

간신히 집에 도착하자, 집 앞에 선생님과 나이가 엇비슷해 보이는 사람이 선생님을 기다리고 있었다. 자공이 말했다.

"선생님의 친구라네."

선생님은 친구를 반갑게 맞았다. 친구가 난처한 표정을 지으며 말했다.

"시골에서 친척이 올라왔는데 집이 좁아서 머물 곳이 없네. 혹시……."

선생님이 친구의 말이 끝나기도 전에 대답했다.

"우리 집으로 모시게. 그대의 친척은 그대와 같네."

"고맙네."

"고맙긴. 그대는 내 집에 언제든 머물러도 좋네. 그대의 친척도 마찬가지고."

선생님이 뒤를 돌아보며 말했다.

"자공아, 자로야. 이 분의 친척을 모시고 오게."

나는 깜짝 놀랐다. 선생님은 내가 쫓아다니는 것을 도대체 언제부터 알고 있었을까? 자공이 내게 귓속말을 했다.

"선생님은 모르는 게 없으시거든. 우리 제자들은 선생님 손바닥 안에 있다네."

선생님의 친구를 따라가면서 자공이 말했다.

"선생님은 어려운 이들에게 더 따뜻하게 대하시지. 동물에게도 예를 갖추신다니까."

자공은 선생님이 기르던 개가 죽었을 때의 일을 들려주었다. 선생님은 자공에게 개를 묻어 달라고 부탁했다. 그러면서 이렇게 말했다.

"가난해서 가진 게 없구나. 내가 쓰던 방석을 줄 테니 함께 묻어주거라. 머리가 진흙에 닿지 않도록 말이다."

나는 선생님의 인품에 반했다. 며칠 후 선생님에게 조심스럽게 질문했다.

"선생님, 사람을 대하는 방법을 알려주십시오."

선생님은 잠깐 생각한 후 대답했다.

"배려하는 마음으로 대하면 된다."

"자세히 설명해 주십시오."

"자세하게 설명할 것도 없다. **자기가 하고자 하지 않는 바를 남에게 하라고 하지 않는다.**"

선생님은 빙긋 웃으며 나를 보았다. 간단한 말이지만 실천하기 참 어려운 말이기도 했다. 선생님의 웃음이 유난히 멋져 보였다.

공자의 『논어』

평생 실천할 것 _ 위령공 15.23

자공이 여쭈었다.
"한마디 말로 평생 동안 실천할 만한 것이 있습니까?"
공자께서 말씀하셨다.
"아마도 서(恕)일 것이다. 자기가 하고자 하지 않는 바를 남에게 하라고 하지 않는다."

> 子貢問曰: "有一言而可以終身行之者乎?" 子曰: "其恕乎. 己所不欲,
> 자공문왈   유일언이가이종신행지자호   자왈   기서호   기소불욕
> 勿施於人."
> 물시어인

『논어』 깊이 보기

'서(恕)'는 공자가 무척 중요하게 여긴 덕목 중의 하나입니다. '서'는 '용서하다', '어질다'라는 뜻의 한자예요. 공자가 말하는 '서'는 배려, 혹은 관용 정도로 바꿔서 말할 수 있어요. 역지사지, 즉 다른 사람의 입장에서 생각해 보라는 것입니다. 입장을 바꿔 보면 마음이 달라집니다. 내 입장에서는 이해할 수 없었던 일들을 상대방의 입장에 서면 그렇구나, 하고 이해하게 됩니다. 공자의 말씀이 대부분 그렇듯 내용은 쉽지만 실천이 어렵습니다.

『논어』는 20편으로 구성되어 있습니다. 각 편에는 '학이', '팔일', '자로' 같은 소제목이 붙어 있습니다. '자로'라는 제목을 보면 이렇게 생각할 수도 있습니다.

'자로에 대한 이야기가 잔뜩 나와 제목이 자로인가 보다.'

실제의 내용은 그렇지 않습니다. 『논어』의 소제목은 각 편에 처음 나오는 문구의 두세 글자를 가져와서 붙였습니다. 그런 까닭에 '자로' 편에 자로는 몇 번 등장하지 않습니다.

각 편마다 약간의 특징은 있습니다. '학이' 편에는 공부의 기초 이야기가, '팔일' 편에는 예절 이야기가 많이 나오며, '향당' 편에는 공자의 일상 생활 이야기가 많이 나옵니다.

『논어』를 처음부터 끝까지 순서대로 읽지 않아도 되는 이유가 여기에 있습니다. 장자라는 분이 『논어』를 읽고 한 말이 참 재미있습니다.

> 『논어』를 전부 다 읽어도 아무 느낌이 없는 사람이 있고, 한두 구절을 반갑게 여기는 사람이 있고, 전체를 좋아하는 사람도 있다. 어떤 사람은 너무 좋아서 저도 모르게 춤을 추기도 한다.

제자 자로의 이야기

세 사람이 길을 가면, 그 가운데 반드시 나의 스승이 있다
(술이)

어느 날 장님 악사 면이 선생님을 찾아왔다. 나는 악사를 잠깐 기다리게 한 후 선생님에게 말했다.

"악사 면이라는 분이 찾아왔습니다."

선생님은 말이 끝나기 무섭게 악사를 마중 나갔다. 그러곤 악사의 곁에 서서 정중하게 말했다.

"누추한 곳까지 찾아와 주셨군요. 저에게 가르침을 베풀어 주시면 감사하겠습니다."

선생님은 악사의 곁에 서서 악사를 마루로 안내했다. 섬돌에 돌멩이가 하나 떨어져 있었다. 선생님은 "돌멩이가 있습니다. 치우겠습니다." 하고 말했고, 마루 앞에서는 "계단이 있습니다. 조심하시기 바랍니다." 하고 말했다. 마루에 올라서자 "방석이 가까이 있습니다." 하고 말했다.

악사가 자리에 앉자 선생님이 음악 이야기를 꺼냈다. 선생님이 주로 질문하고 악사가 대답했다. 선생님은 악사의 대답을 들을 때마다 고개를 끄덕이며 기뻐했다. 악사가 연주를 시작하자 감탄하는 표정을 감추지 않았다. 악사가 선생님이고 공자 선생님이 제자 같았다.

악사가 돌아간 뒤 선생님은 잠시 쉬겠다며 방으로 들어갔다. 그동안 나는 곰곰 생각했다.

선생님은 음악 이야기만 나오면 목소리가 커졌다. 다른 주제로 이야기를 나눌 때와는 딴판이었다. 선생님은 순임금 조정에서 연주된 음악 '소'를 특히 사랑했다. 선생님은 이렇게 말했다.

"소는 완벽한 아름다움과 완벽한 선함을 모두 갖추었단다."

나는 '소'라는 음악을 한 번도 들어보지 못했기에 그저 고개만 끄덕였다. 선생님은 시경의 '관저' 노래를 좋아했는데, 그 이유를 묻자 이렇게 설명했다.

"즐겁되 넘치지 않고 슬프되 다치지 않는다."

솔직히 말해 무슨 뜻인지 알 수 없었다. 나는 선생님의 제자가 되어서야 '관저'를 처음 들었다. 선생님은 음악을 전문가 수준으로 사랑하는 분이었다. 그런 선생님이 악사 앞에서 음악에 대해 아는 척하지 않고 왜 학생처럼 굴었을까? 악사의 음악은 내가 듣기엔 그저 그랬다. 궁금증을 참지 못한 나는 선생님이 방에서 나오자마자 물었다.

"악사를 스승처럼 대하신 게 맞습니까?"

"그렇다. 스승처럼 대했다."

"왜 그러셨습니까? 장님이라 정중하게 대하신 겁니까?"

"그런 점도 있지. 하지만 그게 다일 것 같으냐?"

곰곰 생각했지만 답을 찾지 못했다. 이럴 때는 솔직하게 말하는 게 가장 좋다.

"모르겠습니다. 답을 알려주십시오."

선생님은 잠깐 생각한 후 대답했다.

"세 사람이 길을 가면, 그 가운데 반드시 나의 스승이 있다. 그 가운데 좋은 것을 가려서 그 점을 따르고 그 가운데 좋지 않은 점을 가려서 그 점을 고친다."

악사를 스승처럼 대하는 것과 세 사람이 길을 가는 게 무슨 관련이 있는 것일까? 분명하게 말해 주어야 알아듣고 따를 텐데 늘 그렇듯 알쏭달쏭한 대답이었다. 내가 말이 없는 것을 보고 선생님이 한마디 했다.

"자로야, 스스로 물어 답을 찾지 않는 사람에게 내가 할 수 있는 일은 없다."

선생님은 여간해서는 내게 친절한 답을 해주지 않는다. 스스로 물어 생각하라니, 이번에도 무슨 말인지 이해하지 못했지만 가만히 있으면 엄한 꾸중이 날아올 것 같았다.

"선생님, 저도 훌륭한 사람이 되고 싶습니다. 책을 읽고 공부하는 건 세상에 나아가 실력을 발휘하기 위함이 아닙니까?"

선생님이 엄한 목소리로 말했다.

"옛사람들은 스스로를 위해 공부했다. 요즘 사람들은 남을 위한 공부만 하는구나."

나는 어안이 벙벙해졌다. 자기보다는 남을 위해 공부하는 게 더 훌륭하지 않은가? 그런데 선생님은 남을 위한 공부가 나쁘다는 뜻으로 말하고 있는 것 같았다. 뜰을 거닐던 안연이 다가와 내게 귓속말을 하고 사라졌다.

"자기를 위한 공부는 자신의 몸과 마음을 갈고닦아 높은 경지로 끌어올리는 수양을 위한 것이고, 남을 위한 공부는 출세를 위한 것입니다."

선생님이 답답한 듯 덧붙여 설명했다.

"자기를 다스린 후에야 비로소 남을 도울 수 있는 법이다. 책을 읽고 깨달음을 얻어야 그 지식을 세상에 적용할 수 있는

데 공부는 그저 수단일 뿐이고 출세와 성공만 좇는 것 같다. 꼭 자로 너처럼 말이다."

선생님은 내가 제자가 된 이유를 정확히 알고 있었다. 말한 적도 없는데 귀신처럼 정확히 맞췄다. 역시 선생님은 선생님이다. 선생님은 자리에서 일어나면서 혼잣말을 했다.

"**배우고 때때로 그것을 익히면 이 또한 기쁘지 않은가?**"

"네? 저에게 하신 말씀이십니까?"

선생님은 대답하지 않았다. 선생님은 뜰로 내려가면서 그저 이렇게 말했을 뿐이다.

"날씨가 참 좋구나. **사람이 도를 넓힐 수 있는 것이지, 도가 사람을 넓힐 수 있는 것은 아니다.**"

"선생님! 그냥 가시면 어떡합니까?"

선생님의 한마디, 한마디가 가슴에 와닿았다. 그렇다, 공부는 내가 하는 것이다. 힘을 들이고 애를 써 가면서 하는 것이다. 하지만 길을 넓히는 게 어디 보통 일이던가? 그래도 한번 해보자는 생각이 들었다. 뭐, 천 리 길도 한 걸음부터라니까. 뜰에 내려서니 자공이 있었다. 자공에게 물었다.

"선생님은 도대체 누구에게 배웠기에 저렇게 똑똑하신가?"

자공이 말했다.

"선생님은 모든 사람에게 배운다네. 잘난 사람에게도 못난 사람에게도 말일세. 그래서 선생님에게는 정해진 스승이 없지."

자공은 내 어깨를 살짝 두드리고는 자리를 떴다. 자공의 말도 수수께끼 같았다. 알쏭달쏭하게 말한다는 점에서 스승님의 수제자다웠다.

 # 공자의 『논어』

누구나 스승이 될 수 있다 _술이 7.21

공자께서 말씀하셨다.
"세 사람이 길을 가면, [그 가운데] 반드시 나의 스승이 있다. 그 가운데 좋은 것을 가려서 그 점을 따르고 그 가운데 좋지 않은 점을 [가려서] 그 점을 고친다."

    子曰: "三人行, 必有我師焉. 擇其善者而從之, 其不善者而改之."
    자왈　삼인행　필유아사언　택기선자이종지　기불선자이개지

삶의 즐거움 _학이 1.1

공자께서 말씀하셨다.
"배우고 때때로 그것을 익히면 이 또한 기쁘지 않은가? 벗이 있어 먼 곳에서 찾아오면 이 또한 즐겁지 않은가? 남이 [나를] 알아주지 않아도 노여워하지 않으면 또한 군자가 아닌가?"

    子曰: "學而時習之, 不亦說乎? 有朋自遠方來, 不亦樂乎?
    자왈　학이시습지　불역열호　유붕자원방래　불역락호

    人不知而不慍, 不亦君子乎?"
    인부지이불온　불역군자호

사람과 도 _위령공 15.28

공자께서 말씀하셨다.
"사람이 도를 넓힐 수 있는 것이지, 도가 사람을 넓힐 수 있는 것은 아니다."

    子曰: "人能弘道, 非道弘人."
    자왈　인능홍도　비도홍인

『논어』 깊이 보기

'세 사람이 길을 가면, 그 가운데 반드시 나의 스승이 있다.'는 구절은 특히 유명한 공자의 말씀입니다. 우리는 흔히 가르치는 사람이 따로 있고 배우는 사람이 따로 있다고 여깁니다. 신분이 명확하게 구분되어 있던 공자의 시대엔 더욱 그렇게 생각했겠지요. 공자는 그렇지 않다고 말합니다. 훌륭한 사람은 훌륭해서 스승이 되고, 부족한 사람은 부족해서 스승이 된다고 합니다. 좋은 점에서도 배우지만 나쁜 점에서도 배울 게 있는 것입니다.

'배우고 때때로 그것을 익히면 이 또한 기쁘지 않은가?'는 『논어』를 다 읽지 않은 사람도 알만한 구절입니다. 『논어』의 첫 문장이니까요. 첫 문장을 보면, 공자가 공부를 가장 중요한 덕목으로 여겼다는 것을 알 수 있습니다. 이 문장에서 '익힌다'라는 뜻의 한자는 '익힐 습(習)'입니다. '익힐 습'은 어린 새가 날갯짓을 반복해 학습하는 모양의 한자랍니다. 어린 새가 날기 위해선 날갯짓을 계속 연습해야 하지요. 여러분 중에는 "공부가 왜 기쁜 일일까?" 생각하는 친구도 있을 겁니다. 공부의 기쁨을 맛본다는 건 참 어려운 일입니다. 공자의 말씀에 따르면 공부가 기쁘지 않은 건 충분히 익히지 않았기 때문이에요. 익히고 또 익히면 마음이 정말로 기쁘게 된다고 합니다. 공자의 말씀이 사실인지 알아보려면 우선은 익히고 또 익히는 것부터 해야겠지요?

제자 자로의 이야기

한 해의 추위가 찾아온 다음에야
소나무와 잣나무가 늦게 시든다는 것을 안다

(자한)

어느 날 선생님과 마을을 거닐다가 아이들을 보았다. 먼지 가득한 길에서 뛰노는 아이들을 보며 내가 말했다.

"옛날 생각이 납니다. 저도 길에서 참 많이 놀았거든요."

선생님이 웃으며 고개를 끄덕였다. 선생님이 말했다.

"어릴 때는 참 힘들었다네. 어머니 혼자 나를 기르셨거든."

보통 사람은 대부분 말하기 어려워하는 속 이야기를 선생님은 아무렇지 않게 털어놓았다. 선생님은 소나무 밑에 앉아 이야기를 이어갔다.

"집이 가난해 안 해본 일이 없다네. 살아남아야 했으니까. 창고지기를 했고, 목장을 관리했고, 집 짓는 일도 감독했다네. 덕분에 잡다한 재주를 갖게 되었지."

"어릴 때부터 공부만 하신 줄 알았습니다."

"그럴 형편이 못 되었지. 일하고 남는 시간에 공부했지."

선생님은 혼자서 더 걷겠다고 했다. 나는 선생님 집으로 돌아와 늘 궁금했던 것을 자공에게 물었다.

"선생님은 예전에 높은 벼슬을 하시지 않았나?"

"그러셨지."

"그런데 왜 그만두고 제자들을 가르치는 선생님이 되신 건가?"

자공이 긴 한숨을 쉬고 이야기를 시작했다. 선생님은 노나라에서 대사구라는 높은 관직을 지냈다. 대사구로 할 수 있는 일에 한계가 있어 선생님은 중요한 나랏일을 좌지우지 할 수 있는 재상이 되길 원했다. 벼슬 욕심 때문이 아니었다. 세상을 더 좋은 곳으로 만들고 싶어서였다. 매일 같이 벌어지는 끔찍한 전쟁을 막고 백성들이 하루하루 즐겁게 살 수 있는 나라로 만들기 원했다. 하지만 노나라 임금님은 선생님을 원하지 않았다. 늘 옳은 말만 하는 선생님을 귀찮아했다. 그래서 선생님은 제자들과 다른 나라로 떠났다. 자신을 받아들이는 나라에서 일하려고 했다. 자공이 물었다.

"선생님을 원하는 나라가 있었을까?"

나는 잠깐 생각하고 대답했다.

"아마 없었겠지. 말 한마디 한마디가 옳지만 전쟁에는 도움이 안 되었을 테니."

"맞네. 다들 전쟁에만 관심이 있었지 백성들을 잘 살게 하는 일에는 관심이 없었다네."

나는 마음이 아팠다. 지금껏 나는 선생님이 평생을 편안하게 살아왔다고만 생각했다. 부잣집에서 태어나 여유롭게 책을 읽고 순조롭게 벼슬자리를 하면서 살아온 줄 알았다. 그렇지 않았다. 선생님은 날 때부터 지금까지 하루도 편안히 지낸 적이 없는 분이었다.

뜻을 펼치려다 크게 좌절하기까지 했다. 자공이 말했다.

"옳은 말을 거침없이 하는 선생님을 눈엣가시처럼 미워하는 사람도 많았네. 송나라의 관리 환퇴는 선생님을 죽이려고 나무를 뽑기도 했다네. 제때 피하지 않았으면 나무에 깔릴 뻔했지."

자공은 생각만 해도 끔찍하다는 듯 얼굴을 찌푸렸다.

"그런데 선생님이 그때 어떻게 하신 줄 아는가?"

내가 물었다.

"어떻게 하셨는가?"

"다들 겁에 질려서 빨리 떠나자고 성화였는데 선생님은 이렇게 말씀하셨네. **'하늘이 나에게 덕을 주었는데, 환퇴 같은 자가 나를 어떻게 하겠느냐?'** 우리는 아무 일도 없었던 사람들처럼 느긋하게 걸어서 송나라를 빠져나왔다네."

나는 안연에게도 그때의 일을 물었다. 안연은 더 놀라운 이야기를 들려주었다.

"한번은 광이라는 곳에서 폭도들에게 둘러싸였다네. 몽둥이와 칼을 든 그 사람들은 그야말로 선생님을 죽일 기세였지. 선생님은 그때 제자들에게 하늘이 돌보실 것이니 광 사람들이 나를 어쩌겠느냐고 하셨지. 걱정은 접어두고 같이 노래를 하자고 했네. 그래서 우리는 선생님과 노래를 불렀다네. 그러는 동안 놀라운 일이 일어났어. 어느새 광 사람들이 사라졌더라고."

재아가 들려주는 이야기는 조금은 끔찍했다. 진나라에서는 먹을 것도 없어 굶어 죽을 위기에 처했다고 한다. 재아가 고개를 절레절레 흔들며 말했다.

"배에서 꼬르륵 소리가 나는데도 선생님은 태평한 얼굴을 하고 계셨다네."

"선생님다운 태도였군."

재아가 얼굴을 찌푸리며 말했다.

"누군가 이렇게 물었지. **'군자도 곤궁해질 때가 있습니까?'** 그랬더니 선생님은 엉뚱하게도 이렇게 말씀하시더군. **'군자는 곤궁함을 굳게 지키지만, 소인은 곤궁해지면 아무 짓이나 한다.'**"

"그 상황에서도 여유를 잃지 않으셨군."

"여유는 무슨. 자공이 나서서 식량을 얻어오지 않았다면 우리 모두 굶어 죽었을 거야. 이런 말 하기 뭐하지만, 선생님이 제일 많이 드시던걸."

늘 삐딱한 재아다운 말투였다.

나는 며칠 후 선생님에게 물었다.

"선생님, 좋은 세상을 만들고자 떠돌아다닐 때 선생님의 뜻을 모르고 다들 선생님을 괴롭혔는데 힘들지 않으셨습니까? 억울하지 않으셨습니까?"

선생님은 웃으며 말했다.

"자로야, **한 해의 추위가 찾아온 다음에야 소나무와 잣나무가 늦게 시든다는 것을 안다.**"

"선생님 말씀은 좀 어렵습니다. 제가 나무는 잘 모릅니다."

선생님이 껄껄 웃으며 말했다.

"어려운 일에 처하면 사람의 진짜 모습을 보게 되는 법이란다. 그 사람이 올바른 사람인지 속 좁은 사람인지 금세 알게 되지. 그러니 시련도 때론 귀한 경험이다."

공자의 『논어』

덕이 있기에 두렵지 않다 _ 술이 7.22

공자께서 말씀하셨다.
"하늘이 나에게 덕을 주었는데, 환퇴 같은 자가 나를 어떻게 하겠느냐?"

　子曰: "天生德於予, 桓魋其如予何."
　자왈　천생덕어여　환퇴기여여하

진법은 모른다 _위령공 15.1

위나라 영공이 공자에게 [군대의] 진법에 대하여 물었다. 공자께서 대답하셨다.
"제사에 관한 일은 일찍이 들어본 적이 있으나, 군대에 관한 일은 아직 배운 적이 없습니다."
[그러고는] 이튿날 드디어 떠나셨다.
[공자가] 진나라에 이르러 양식이 떨어지고, 따르는 자들은 병이 나서 아무도 일어날 수조차 없었다. 자로가 화가 나서 뵙고 여쭈었다.
"군자도 곤궁해질 때가 있습니까?"
　공자께서 말씀하셨다.
"군자는 곤궁함을 굳게 지키지만, 소인은 곤궁해지면 아무 짓이나 한다."

衛靈公問陳於孔子. 孔子對曰: "俎豆之事, 則嘗聞之矣. 軍旅之事,
위령공문진어공자 공자대왈 조두지사 즉상문지의 군려지사

未之學也." 明日遂行. 在陳絶糧, 從者病, 莫能興.
미지학야 명일수행 재진절량 종자병 막능흥

子路慍見曰: "君子亦有窮乎."
자로온견왈 군자역유궁호

子曰: "君子固窮, 小人窮斯濫矣."
자왈 군자고궁 소인궁사람의

소나무와 잣나무처럼 _ 자한 9.27

공자께서 말씀하셨다.

"한 해의 추위가 찾아온 다음에야 소나무와 잣나무가 늦게 시든다는 것을 안다."

子曰: "歲寒然後知松栢之後彫也."
자왈 세한연후지송백지후조야

『논어』 깊이 보기

'덕'이라는 단어는 많이 들어보았을 것입니다. 하지만 뜻을 말할라치면 설명하기 어렵습니다. 국어사전에서는 덕을 다음과 같이 설명하고 있습니다.

    덕: 1) 도덕적, 윤리적 이상을 실현해 나가는 인격적 능력
        2) 공정하고 남을 넓게 이해하고 받아들이는 마음이나 행동

'덕(德)'은 '득(得)'이라는 한자에서 나왔다고 해요. '득'은 무언가를 노력해서 얻는 것을 말합니다. '덕'은 노력하고 또 노력해야 얻을 수 있는 덕목입니다. 덕 있는 사람은 마음이 올바른 사람이며, 올바른 가치를 위해 싸울 수 있는 사람입니다.

조선시대 화가, 김정희의 〈세한도〉라는 그림이 있습니다. 〈세한도〉는 공자의 말씀 '한 해의 추위가 찾아온 다음에야 소나무와 잣나무가 늦게 시든다는 것을 안다.'를 바탕으로 그려진 그림입니다. '세한'은 날씨가 추운 시절을 말하지요. 여

김정희 〈세한도〉, 1844년

기서 날씨는 눈이 오고 바람이 부는 날씨만을 뜻하지는 않아요. 살면서 겪는 어려움도 '세한'입니다.

공자는 살면서 어려움을 여러 번 겪었습니다. 관직을 잃고 가난해지면 가까운 사람들이 곁을 떠납니다. 가까이 있어 봤자 얻을 것이 없어 보이니 다들 어려움을 모른 체하고 떠나는 것입니다. 공자는 그러한 어려움 속에서 추운 겨울이 닥쳐야 누가 올바른 사람이고, 누가 속 좁은 사람인지가 드러난다는 삶의 지혜를 깨달았습니다.

공자가 꿈꾸는 이상적인 나라는 주나라였습니다. 공자는 주나라에 대해 이렇게 말했습니다.

> '주나라는 두 왕조를 거울로 삼았으니, 찬란하구나, 그 문화여! 나는 주나라를 따르겠다.' (팔일)

두 왕조는 하나라와 은나라를 말합니다. 공자는 주나라가 두 왕조의 잘못을 반성하고 자신만의 문화를 이룸으로써 크게 번성했다고 여겼습니다. 공자가 보기에 주나라는 임금은 임금 역할을 제대로 하고, 신하는 신하 역할을 제대로 하고, 아버지는 아버지 역할을, 어머니는 어머니 역할을 제대로 하는 나라였습니다. 예의와 법도로 운영되는 훌륭한 나라였지요. 하지만 공자의 시대가 되자 주나라는 힘을 잃었습니다. 그러자 주나라 밑에 있던 제후국들이 서로 우두머리가 되기 위해 싸움을 벌였지요. 공자는 예의와 법도가 사라졌기 때문에 이러한 일이 생겼다고 보았습니다.

제자 자로의 이야기

노인을 편안하게 해주고, 벗들에게는 믿음을 주고, 젊은이들을 품어주고자 한다

(공야장)

오전 공부 모임이 끝나고 몇몇 제자들과 책을 읽었다. 내용이 머리에 들어오지 않았다. 책 읽기는 참 어렵다. 좀처럼 익숙해지지 않는다. 혼자 끙끙거리고 있는데 선생님이 뒤에 서 있었다. 오늘따라 선생님의 기분이 무척 좋아 보였다. 선생님은 우리에게 흥미로운 질문을 했다.

"사람들이 너희를 몰라주니 마음이 아프겠지. 그렇다면 하나 물어보마. 사람들이 너희의 능력을 제대로 알아준다면 무엇을 하고 싶은가?"

이번 질문은 내가 늘 생각하고 있던 것이었다. 나는 책을 덮고 곧바로 나서서 대답했다.

"강한 나라들 틈에서 늘 전쟁의 위협에 시달리며, 백성들이 굶주리고 있는 작은 나라가 참 많습니다. 저는 그런 나라를 다스리고 싶습니다."

선생님이 웃으며 물었다.

"그래, 어떻게 다스리고 싶으냐?"

"3년 안에 백성들을 용맹하게 만들어 의로운 길을 가게 만들겠습니다."

선생님은 빙긋 웃었을 뿐 아무 말도 하지 않았다. 눈치를 살피던 염유가 말했다.

"저도 한 나라를 다스리고 싶습니다. 자로처럼 3년 안에 풍족하게 살도록 만들겠습니다. 아, 예절이나 문화 같은 부분은 제가 잘 모르니 유능한 사람에게 맡기겠습니다."

선생님이 나의 대답을 들었을 때처럼 빙긋 웃어 나도 따라 웃었다. 속으로는 이렇게 생각했다.

'비슷하지만 왠지 나보다 멋진 것 같아. 먼저 나서는 게 아니었어. 다른 제자들 말을 듣고 마지막에 말할걸.'

이번에는 공서화가 말했다.

"저는 더 배우고 싶습니다. 종묘 제례의 일을 배우거나 각 나라 임금님들끼리의 회담을 뒤에서 돕는 사람이 되고 싶습니다."

선생님은 빙긋 웃었다. 조금 전보다 훨씬 더 따뜻한 느낌의 웃음이었다. 나는 또 속으로 생각했다.

'아, 역시 먼저 나서는 게 아니었어. 조금 더 겸손하게 말할 걸 그랬나?'

마지막으로 증석이 말했다.

"여러 사람과 함께 강으로 놀러 가 목욕을 하고 바람을 쐬고 노래를 흥얼거리며 돌아오고 싶습니다."

선생님은 증석의 말이 끝나기 무섭게 탄식하며 말했다.

"나는 증석과 함께 가겠다."

다들 자리를 떠난 후 나만 홀로 남았다. 선생님에게 물었다.

"제 대답이 마음에 안 드셨지요?"

선생님이 잠깐 생각한 후 되물었다.

"왜 그렇게 생각했느냐?"

나는 머리를 긁적이며 말했다.

"제 대답이 제일 멋이 없게 느껴져서요. 왠지 제 주장만 한 것 같고요. 다음에는 꼭 마지막에 대답하도록 하겠습니다."

선생님이 하하하 크게 웃은 후 말했다.

"자로야, 너의 뜻에 반대하지는 않는다. 다만 이런 생각이 드는구나. 그렇게 거칠고 예의 없게 말해서야 누가 너에게 나라를 맡기겠느냐?"

"앞으로는 조심하겠습니다."

"여러 번 말했지만 너는 너무 거칠다. 사람들의 미움을 살 수도 있다."

선생님의 귀한 가르침이었다. 나는 고개를 끄덕였다. 문득 궁금증이 생겼다.

"선생님의 꿈은 무엇입니까? 제가 듣기로는 재상을 꿈꾸셨다는데 지금도 그러하십니까?"

"그런 꿈을 꾸기에는 내가 너무 늙어버렸구나. 전에는 꿈을 꾸면 옛 성인이 나타나 좋은 말씀을 하셨는데 요즈음엔 그런 일도 통 없다. 쓸모가 없어졌다는 뜻이겠지."

선생님의 얼굴이 쓸쓸해 보였다. 선생님이 말했다.

"도가 행해지지 않으니, 뗏목을 타고 바다로나 떠다니려 한다."

쓸쓸하게 느껴지는 말이었다. 선생님도 힘들 때가 있구나 싶었다. 나는 이때다 싶어 끼어들었다.

"제가 함께 가겠습니다. 선생님을 안전하게 모시겠습니다."

선생님이 흐뭇하게 웃으며 말했다.

"자로야, 넌 참 용감하구나."

"용기 빼면 저한테 뭐가 남겠습니까?"

"용기에 어울리는 분별력을 갖추기를 부탁한다."

선생님의 칭찬에 흥분했던 나는 금세 움츠러들었다. 분별력이라. 선생님 말씀대로 나는 옳고 그른 것을 잘 가리지 못하고, 나설 때와 물러설 때도 제대로 모른다. 분별력을 갖추면 성공의 길에 한 걸음 더 다가갈 수 있을지도 모른다.

그런데 오늘따라 선생님의 가르침이 넘쳐났다. 거칠게 살지 말고, 분별력도 갖추고……. 무엇부터 해야 할지 도무지 모르겠다. 할 게 너무 많아서 머리에 쥐가 날 지경이었다. 나는 머리가 나빠서 한 번에 하나밖에 못 하는데……. 그때 선생님이 말했다.

"그래도 내겐 아직 꿈이 있느니라."

"네?"

"노인을 편안하게 해주고, 벗들에게는 믿음을 주고, 젊은이들을 품어주고자 한다."

선생님의 말씀에 한동안 움직일 수 없었다. 그런 세상이 어딘가에 있다면 나도 그곳에서 살고 싶었다. 선생님은 역시 보통 사람과 달랐다. 내가 땅바닥에 붙어 있다면 선생님은 구름 위에 서 있었다. 선생님의 그림자가 마루에 길게 비쳤다. 나는 선생님의 그림자를 향해 정중하게 절했다.

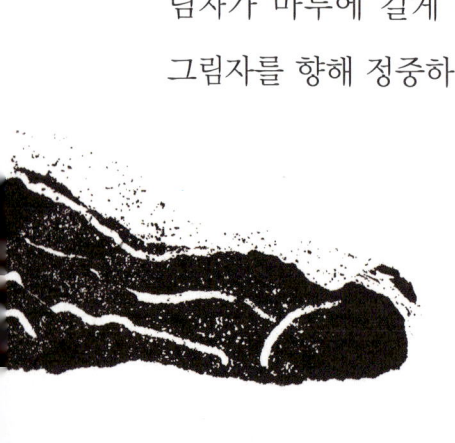

공자의 『논어』

용기만 있는 자로 _ 공야장 5.6

공자께서 말씀하셨다.
"도가 행해지지 않으니, 뗏목을 타고 바다로나 떠다니려 한다. 나를 따라올 사람은 아마도 유(자로)일 것이다!"
자로가 그 말을 듣고 기뻐했다.
[그러자] 공자께서 말씀하셨다.
"유(자로)는 용기 있는 행동을 좋아하는 데 있어 나를 능가하지만, 재주는 취할 것이 없구나."

> 子曰: "道不行, 乘桴浮於海. 從我者, 其由與!" 子路聞之喜.
> 자왈   도불행 승부부어해 종아자 기유여   자로문지희
> 子曰: "由也好勇過我, 無所取材."
> 자왈   유야호용과아 무소취재

안연과 자로의 포부 _ 공야장 5.25

안연과 계로(자로)가 [스승을 서서] 모시고 있을 때 공자께서 말씀하셨다.
"각자 자신의 포부를 한 번 말해보지 않겠느냐?"
자로가 말씀드렸다.
"수레와 말과 옷과 가죽옷을 벗들과 함께 쓰다가 그것들을 망가지게 하더라도 섭섭해하지 않았으면 합니다."

안연이 말씀드렸다.
"[저 자신의] 잘한 점을 자랑하지 않고, [저 자신의] 공로를 늘어놓지 않기를 바랍니다."
자로가 말씀드렸다.
"선생님의 포부를 듣고자 합니다."
공자께서 말씀하셨다.
"노인을 편안하게 해주고, 벗들에게는 믿음을 주고, 젊은이들을 품어주고자 한다."

顔淵季路侍. 子曰: "盍各言爾志?"
안연계로시 자왈 합각언이지

子路曰: "願車馬衣裘與朋友共, 敝之而無憾."
자로왈 원거마의구여붕우공 폐지이무감

顔淵曰: "願無伐善, 無施勞." 子路曰: "願聞子之志."
안연왈 원무벌선 무시로 자로왈 원문자지지

子曰: "老者安之, 朋友信之, 少者懷之."
자왈 로자안지 붕우신지 소자회지

『논어』 깊이 보기

'도(道)'의 원래 뜻은 '길'입니다. 지금이야 건설 장비로 도로를 쉽게 건설할 수 있지만, 옛날에는 그렇지 않았습니다. 사람이 걸어가야 비로소 길이 만들어졌지요. 첫 번째로 걸어가 길을 만드는 사람이 가장 어렵습니다. 도(道)라는 한자에는 '머리 수(首)'가 들어 있습니다. 첫 발걸음을 어디로 내디디면 좋을지 머리를 내밀고 고민한다는 뜻이지요. 고민 끝에 과감히 발걸음을 내디디면 비로소 길이 되는 것이랍니다.

좋은 길에는 자연스럽게 사람들이 모입니다. 좁았던 길이 점점 넓어집니다. 한 사람이 올바른 마음을 먹고 어떤 일을 시작하면 많은 이가 따르게 되는 것이지요. 하지만 혼란스러운 시대에는 사정이 좀 다릅니다. 올바른 길만 고집하다가는 피해를 보게 됩니다. 공자는 이러한 상황을 한탄했습니다. 올바른 길인 것을 알면서도 다들 머뭇거리기만 하니 희망이 없다고 여겼지요. 그래서 뗏목 이야기가 나온 것입니다. 공자가 뗏목을 타고 바다로 나갔을까요? 아니면 혼자서 꿋꿋하게 올바른 길을 걸어갔을까요?

제자 자로의 이야기

썩은 나무로는 조각할 수 없다

(공야장)

 선생님에게 반한 나는 아침부터 밤까지 부지런히 공부했다. 아침에 일어나면 졸음을 참으며 책을 읽은 후 선생님에게로 갔다. 선생님과 제자들이 나누는 이야기를 들으며 깨달음을 얻었다. 선생님의 제자들 이야기를 잠깐 하는 게 좋겠다. 나는 선생님뿐만 아니라 제자들에게도 많은 것을 배웠으니까. 모든 제자가 선생님만큼 훌륭하지는 않았다. 하지만 선생님이 말씀하셨듯 두세 사람이 있는 곳에는 늘 배울 점이 있었다. 좋은 점은 따르고, 나쁜 점은 보고 반성했다.

 제자 중 가장 먼저 내 눈에 들었던 사람은 재아였다. 재아가 가장 훌륭해서? 아니었다. 재아는 말재주는 뛰어났지만, 사람됨이 가볍고 게을렀다. 수제자인 자공이나 선생님 못지않게 공부에 몰두한 안연에 비하면 재아는 깊이가 부족한 사람이었다. 그랬기에 재아는 나의 좋은 선생님이 되었다. 나쁜 점을 보고 반성하는 의미에서 말이다.

어느 날 재아가 선생님에게 갑자기 따지고 들었다.

"선생님, 3년은 너무 길지 않습니까?"

선생님뿐만 아니라 다른 제자들도 질문을 이해하지 못했다. 앞뒤 다 빼놓고 자기 할 말만 했기 때문이다. 선생님이 지그시 쳐다보자 재아는 그제야 제대로 물었다.

"부모님이 돌아가셨을 때 삼년상을 치르지 않습니까? 제 생각에 그 기간이 너무 깁니다."

부모님이 돌아가시면 다른 일은 하지 않고 3년 동안 부모님을 추모하는 게 삼년상이었다. 선생님이 무척 강조하는 예절 중의 하나였다. 재아는 눈 하나 깜짝하지 않고 불만을 제기했다. 선생님이 물었다.

"그럼 얼마 동안이 좋겠는가?"

"1년이 적당합니다."

"부모님이 돌아가시고 1년 만에 쌀밥을 먹고 고기를 먹으면 마음이 편안하겠는가?"

"네, 저는 괜찮습니다."

선생님이 말했다.

"마음이 편안하다면 그렇게 하게."

재아는 자신이 이겼다고 생각하고 기뻐하며 돌아갔다. 나는 선생님에게 물었다.

"정말 1년도 괜찮습니까?"

선생님이 한숨을 쉬고 물었다.

"내가 왜 3년을 주장하는지 이유를 아는가?"

내가 모른다고 하자 선생님이 말했다.

"어린아이가 사람다워지려면 부모가 최소 3년은 돌봐야 한다. 사람이라면 적어도 그 은혜는 갚아야 하지 않겠느냐?"

나는 비로소 왜 3년인지 이유를 알 수 있었다. 솔직히 말해 지금까지 그 기간에 대해 의심해 본 적이 없었다. 그저 선생님이 3년이라고 하니 3년을 지켜야 한다고 생각했다. 재아 덕분에 이유를 알게 되었다. 비록 재아가 의도한 건 아니었겠지만 말이다.

따지고 보면 재아는 선생님에게 툭툭 질문을 던져 선생님의 생각을 끌어내는 기술이 있었다. 한번은 재아가 선생님에게 물었다.

"누군가 어진 이에게 우물에 빠진 사람이 있다고 거짓말을 했습니다. 어진 이는 우물에 따라 들어가야 할까요?"

선생님이 말했다.

"우물 앞까지 가기는 하겠지. 뛰어들지는 않을 것이다."

"그건 좀 이상합니다. 자기만 챙기는 사람은 어진 이가 아니지 않습니까?"

선생님이 화난 듯 말했다.

"군자는 가버리게 할 수는 있지만, 우물에 유인하여 빠뜨리게 할 수는 없고, 선량함을 이용하여 그를 속일 수는 있지만, 기망할 수는 없다. 어진 이는 훌륭한 사람이지 바보가 아니다."

바보라는 말이 나오자 다들 웃었다. 나도 웃었지만, 선생님의 대답에는 생각해 볼 것이 많았다. 어진 사람이 되려면 상황을 제대로 파악하는 능력 또한 필요하다. 재아의 엉뚱한 질문 덕에 얻은 깨달음이었다. 이렇듯 재아는 말주변도 뛰어나고 선생님의 진심을 끌어내는 데 있어 전문가였지만 결정적인 약점이 있었다. 바로 잠이 많고 게으른 것이었다.

어느 날 재아는 용기 있게도 선생님 집에서 낮잠을 잤다. 화를 잘 내지 않는 선생님이었지만, 그 모습을 보고는 불같이 화를 냈다. 선생님이 호통을 쳤다.

"**썩은 나무로는 조각할 수 없고, 더러운 흙으로 쌓은 담장에는 흙손질을 할 수 없다. 내가 너를 보고 무엇을 탓하겠느냐?** 당장 집으로 돌아가라. 너에게는 화를 낼 가치도 없다!"

재아는 싹싹 빌었고, 선생님은 한참 후에야 용서했다. 나는 그 광경을 보면서 선생님이 제일 싫어하는 것을 알았다. 그건 바로 게으름이었다. 선생님은 능력이 있건 없건 열심히 하는 이들에겐 격려를 아끼지 않았다. 하지만 해보지도 않고 그만두거나 할 생각도 없는 이들에게는 용서가 없는 사람이 바로 선생님이었다. 그러니 재아 덕분에 나는 참 많이 배운 셈이다.

공자의 『논어』

우물에 인한 사람이 있다면 _ 옹야 6.24

재아가 여쭈었다.
"인한 사람은, 누군가 그에게 '우물에 인한 사람이 있다'고 알려주면 [구제하러] 그 우물 속으로 따라 들어가야 합니까?"
공자께서 말씀하셨다.
"어찌 그렇게 할 수 있겠느냐? 군자는 가버리게 할 수는 있지만, [우물에 유인하여] 빠뜨리게 할 수는 없고, [선량함을 이용하여] 그를 속일 수는 있지만, 기망할 수는 없다."

> 宰我問曰: "仁者, 雖告之曰 '井有仁'焉. 其從之也."
> 재아문왈 인자 수고지왈 정유인언 기종지야

> 子曰: "何爲其然也? 君子可逝也, 不可陷也. 可欺也, 不可罔也."
> 자왈 하위기연야 군자가서야 불가함야 가기야 불가망야

혹평받는 재여 _ 공야장 5.9

재여가 [한낮에] 낮잠을 잤다. 공자께서 말씀하셨다.
"썩은 나무로는 조각할 수 없고, 더러운 흙으로 쌓은 담장에는 흙손질을 할 수 없다. 내가 너를 보고 무엇을 탓하겠느냐?"
[그러고는] 공자께서 말씀하셨다.
"처음에 나는 사람을 대할 때 그의 말을 듣고 그의 행동을 믿게 되었는데, 지금 나는 사람을 대할 때 그 말을 듣고도 그 행동을 살피게 되었다. [재여에 대해서도] 이처럼 바뀌었다."

宰予晝寢, 子曰: "朽木不可雕也, 糞土之牆不可杇也, 於予與何誅?"
재여주침　자왈　　후목불가조야　분토지장불가오야　어여여하주

子曰: "始吾於人也, 聽其言而信其行. 今吾於人也, 聽其言而觀其行.
자왈　　시오어인야　청기언이신기행　금오어인야　청기언이관기행

於予與改是."
어 여 여 개 시

『논어』 깊이 보기

'군자'는 『논어』에서 쉽게 찾아볼 수 있는 단어입니다. '인'보다도 많이 나옵니다. 군자는 원래 정치 지도자를 가리키는 단어였습니다. 공자는 군자를 훌륭한 사람, 올바른 사람, 공평한 사람, 모범적인 사람 등의 뜻으로 사용했습니다. 인격이 훌륭해 다른 사람의 본보기가 되는 사람인 것이지요(이 책에서는 '군자'를 올바른 사람으로 고쳐 썼습니다).

군자의 반대가 소인입니다. 소인은 말 그대로 작은 사람입니다. 몸집이 작은 게 아니라 마음 씀씀이가 크지 못한 사람이지요. 그래서 소인은 자기에게만 관심을 가집니다. 자기의 이익을 위해서 다른 사람을 괴롭히는 일도 마다하지 않습니다(이 책에서는 '소인'을 속 좁은 사람으로 고쳐 썼습니다).

공자의 말씀입니다.

> "군자는 원만하지만 편을 가르지 않고, 소인은 편을 가르지만 원만하지는 않다."(위정)

제자 자로의 이야기

지나간 것을 알려주었더니 다가올 것을 아는구나

(학이)

공자 선생님의 제자들을 한 번이라도 만난 사람이라면 누구든 자공을 첫째로 꼽을 것이다. 나 또한 그랬다. 자리에 어울리지 않는 화려한 옷을 입고 나타난 내게 자공은 아무 말도 하지 않았다. 모두가 나를 따돌렸을 때도 자공은 친절하게 대해 주었다. 자공은 부잣집에서 잘 자란 사람으로 보였다. 게다가 재주가 정말로 많았다. 말을 잘했고, 인품이 훌륭했고, 아는 게 많았다. 자공은 돈도 잘 벌어서 선생님을 든든하게 뒷받침하기도 했다.

선생님은 자공과 이야기를 많이 나누었다. 어떤 날은 시와 음악에 대해, 또 어떤 날은 정치와 경제에 대해, 또 어떤 날은 역사에 대해 이야기를 나누었다. 나는 선생님과 자공이 이야기 나누는 걸 가까이에서 관찰했다. 나를 비롯한 대부분의 제자는 궁금한 점을 서둘러 물었고, 선생님이 한마디 하면 자기도 안다는 것을 보여주기 위해 나서서 대답하는 경우가 많았다. 자공은 달랐다. 선생님이 이야기하면 조용히 들었고, 선생님이 의견을 물으면 무척 조심스럽게 뜻을 밝혔다. 그런데 그 뜻이 선생님의 마음과 일치하는 경우가 많았다.

어느 날 선생님께 자공이 질문을 했다.

"『시경』에 나오는 '절차탁마'가 바로 선생님이 말씀하신 뜻이지요? 옥돌을 다듬어 보석을 만들 듯 학문이나 인격도 다듬어야 한다는 거지요?"

선생님이 무릎을 탁 치며 말했다.

"훌륭하구나. **비로소 너와 더불어 『시경』을 이야기할 수 있겠다. 지나간 것을 알려주었더니 다가올 것을 아는구나.**"

선생님은 그 말을 하곤 곁에 있던 나를 힐끔 쳐다보았다. 나도 눈치가 있었다. 아마 이렇게 말씀하고 싶었을 것이다.

'하나를 알려주면 둘을 아는 자공과 달리 자로는 하나를 알려주면 절반만 아는구나!'

그런 자공도 가끔은 초조한 마음을 드러냈다. 선생님이 가장 사랑하는 제자는 자공이 아니라 안연이었기 때문이다. 인품이

훌륭한 자공은 불만을 겉으로 드러내지 않았고, 일등 제자가 되기 위해 노력했다. 하지만 자공 또한 사람인지라 가끔은 선생님에게 확인하고 싶어 했다. 어느 날 자공이 선생님에게 조심스럽게 물었다.

"선생님, 저는 어떤 사람입니까?"

선생님은 곧바로 대답했다.

"너는 그릇이지."

자공의 얼굴이 붉어졌다. 선생님은 자신의 실수를 금방 깨달았다. 선생님은 전에 제자들에게 이렇게 말하셨다.

"올바른 사람은 결코 그릇이 돼서는 안 된다. 그릇은 음식을 담는 한 가지 용도로만 쓰일 뿐이다."

그런데 지금 자공더러 그릇이라고 한 것이다. 그럼 자공은 올바른 사람이 아니라는 말인가? 선생님은 곧바로 설명했다.

"너는 제사 지낼 때 쓰는 귀한 그릇이다."

자공은 고개를 끄덕거렸다. 선생님은 미안했는지 계속 말했다.

"너에게 삶의 지혜를 몇 가지 알려주마. **옛것을 익히고 새것을 알면 스승이라고 할 수 있다.** 또한 누구보다 앞서서 실천하는 사람이 되거라. 어떠냐? 너라면 할 수 있겠지?"

선생님은 자공을 위로하기 위해 이 말 저 말 보탰다. 자공은 똑똑한 사람이었다. 자공은 선생님 마음에서 자신이 일 순위가 아니라는 사실을 알았다. 일 순위는 공부에 미친 제자 안연이었다. 나였다면 안연을 질투했을 것이다. 자공은 달랐다. 자공은 받아들였다. 어느 날 선생님이 자공에게 물었다.

"너와 안연 중 누가 더 훌륭하다고 생각하느냐?"

자공은 망설이지 않고 대답했다.

"제가 어찌 감히 안연을 바라보겠습니까? 안연은 하나를 들으면 열을 알고, 저는 하나를 들으면 둘을 아는 정도입니다."

선생님은 자공의 대답에 만족했다. 자공이라면 믿어도 된다고 생각한 선생님이 말했다.

"아쉽지만 네 말이 맞다. 너나 나나 안연에는 미치지 못한다."

자공을 보는 선생님의 눈길엔 애정이 듬뿍 담겨 있었다. 선생님의 답은 사실은 이런 말이었다.

'자공아, 너는 참 나와 비슷하구나.'

나는 두 사람 몰래 한숨을 쉬었다. 솔직히 나는 아무리 애를 써도 자공처럼 되지는 못하겠다는 걸 알았다. 그래서 이렇게 마음먹었다.

'자공의 훌륭한 점은 인정하자. 그리고 내 장점을 찾기 위해 노력하고 또 노력하자!'

나는 선생님을 보았다. 선생님은 하늘을 보고 있었다.

공자의 『논어』

가난함과 부유함 _ 학이 1.15

자공이 물었다.
"가난하면서도 아첨하지 않고, 부유하면서도 교만하지 않으면 어떻습니까?"
공자께서 말씀하셨다.
"괜찮겠지만, 가난하면서도 [이를] 즐거움으로 삼고, 부유하면서도 예의를 좋아하는 것보다는 못하다."
자공이 물었다.
"『시경』에서 '[칼로] 끊듯이, [줄로] 갈듯이, [정으로] 쪼듯이 [숫돌로] 윤을 내듯이'라고 한 것은, 아마도 이것을 가리키는 것입니까?"
공자께서 말씀하셨다.
"사(자공의 자)야, 비로소 너와 더불어 『시경』을 이야기할 수 있겠다. 지나간 것을 알려주었더니 다가올 것을 아는구나."

子貢曰: "貧而無諂, 富而無驕, 何如?"
자공왈　빈이무첨 부이무교　하여

子曰: "可也. 未若貧而樂, 富而好禮者也."
자왈　가야　미약빈이락　부이호례자야

子貢曰: "詩云, 如切如磋, 如琢如磨, 其斯之謂與?"
자공왈　시운 여절여차　여탁여마　기사지위여

子曰: "賜也, 始可與言詩已矣, 告諸往而知來者."
자왈　사야　시가여언시이의　고저왕이지래자

스승의 자격 _ 위정 2.11

공자께서 말씀하셨다.
"옛것을 익히고 새것을 알면 스승이라고 할 수 있다."

    子曰: "溫故而知新, 可以爲師矣."
    자왈　온고이지신　가이위사의

문일지십 _ 공야장 5.8

공자께서 자공에게 말씀하셨다.
"너와 회(안회) 중에 누가 더 나으냐?"
[자공이] 대답했다.
"제가 어찌 감히 회를 바라보겠습니까? 회는 하나를 들으면 열을 알고, 저는 하나를 들으면 둘을 아는 정도입니다."
공자께서 말씀하셨다.
"그보다 못하지. 나는 네가 [그만] 못함을 인정한다."

    子謂子貢曰: "女與回也孰愈?"
    자위자공왈　여여회야숙유

    對曰: "賜也何敢望回? 回也聞一以知十, 賜也聞一以知二."
    대왈　사야하감망회　회야문일이지십　사야문일이지이

    子曰: "弗如也. 吾與女弗如也."
    자왈　불여야　오여여불여야

『논어』 깊이 보기

'절차탁마'는 갈고 닦아서 빛을 낸다는 뜻입니다. 흔히 공부나 어떤 일을 열심히 해야 할 때 쓰는 표현이지요. 그런데 원래 '절차탁마'는 옥이나 상아 같은 물건을 자르고 갈고 연마하는 작업을 이르는 말이었어요. '절차탁마'를 통해 옥이나 상아는 아름다운 보물이 됩니다. 『시경』이라는 책에 '절자탁마'라는 말이 나옵니다. 재미있게도 『시경』에서는 조각처럼 아름다운 남성을 뜻하는 말로 쓰였지요. 공자와 자공은 갈고 닦아서 빛을 낸다는 뜻으로 '절차탁마'를 사용하고 있습니다.

하나 더, 옛날 노래 모음집인 『시경』은 공자가 가장 사랑한 책이었습니다. 공자는 제자들 앞에서 틈만 나면 『시경』을 인용했답니다.

'옛것을 익히고 새것을 알면 스승이라고 할 수 있다.'의 한자 구절, '온고이지신, 가이위사의'에서 그 유명한 '온고지신'이라는 말이 나왔습니다. '온(溫)'은 따뜻하게 데운다는 뜻입니다. 공부에 적용하면 자꾸 곱씹어 보는 것, 복습한다는 뜻입니다. 복습은 한 번 더 공부하거나 무조건 외우는 게 아닙니다. 머릿속에서 이리저리 굴려가면서 다시 생각해 보는 겁니다. 그러면 어떤 일이 일어날까요? 처음엔 미처 알지 못했던 내용을 새로 깨닫게 됩니다. 이것이 바로 온고지신입니다. 옛것을 자세히 뜯어보면 새로운 깨달음을 얻을 수 있다는 것이지요.

제자 자로의 이야기

똑같은 잘못을 거듭하지 않는다
(옹야)

 안연은 선생님이 가장 아끼는 제자였다. 그 이유는 아마도 안연이 끊임없이 공부하고 또 공부하는 사람이었기 때문일 것이다. 선생님이 무엇을 물으면 안연은 느릿느릿하게 대답했다. 선생님은 대답을 들을 때마다 무릎을 치며 기뻐했다. 내가 안연은 도저히 못 따라가겠다고 푸념하자 자공이 내 어깨를 두드리며 말했다.

"처음에 선생님은 안연을 못마땅하게 여겼다네."

"그럴 리가."

"정말일세. 말수가 적은 건 그렇다 쳐도 선생님이 의견을 물어도 확실하게 대답하는 법이 없었다네. 선생님이 참 답답하게 여겼지."

"믿기지 않는 일일세. 그렇다면 선생님은 언제부터 안연을 좋아했는가?"

"선생님은 안연이 왜 그렇게 행동하는지 늘 궁금하게 여겼지. 그래서 안연을 유심히 지켜보았던 모양이야. 안연은 놀랍게도 선생님께 들은 말을 그대로 실천하고 있었다네. 하루, 이틀, 사흘을 관찰해도 행동이 조금도 흐트러지지 않았네. 선생님은 안연이 말보다 실천을 중요하게 여기는 사람이라는 걸 알게 되었지. 또 깨달음을 얻기 전에는 그 과정을 떠벌리지 않는 사람이라는 것도 알았지."

안연과 내가 선생님과 함께 포부에 대한 이야기를 나눈 적이 있었다. 그때 안연이 빙긋 웃으며 이렇게 말했다.

"잘한 점을 자랑하지 않고 성과를 내세우고 싶지도 않습니다."

나는 속으로 의아하게 생각했다. 포부란 마음속에 품고 있는, 미래에 대한 계획이나 희망 아닌가? 안연의 말은 미래에 대한 계획이나 희망과는 거리가 멀게 느껴졌다. 하지만 선생님은 안연처럼 빙긋 웃었다. 금방 사라지는 짧은 웃음이었지만 선생님의 웃음은 안연의 대답에 만족했음을 나타내고 있었다. 선생님이 자리에서 일어난 후 내가 안연에게 물었다.

"꿈이 너무 소박한 거 아닌가? 높은 자리에 오르고 싶거나 부자가 되어 잘 살고 싶지는 않은가?"

안연이 대답했다.

"그런 마음은 전혀 없다네. 그저 선생님을 닮고 또 닮고 싶을 뿐일세. 선생님을 따르기는 정말로 어렵다네. **바라보면 앞에 계시다가 어느새 뒤에 계시네. 선생님께서는 차근차근 사람들을 이끌어주시고, 문헌으로써 나를 넓혀주시고, 예로써 나를 단속해주시니 그만두고자 해도 그만둘 수가 없네.**"

안연은 선생님에게 진심으로 푹 빠져 있었다. 안연은 나와는 차원이 다른 사람이었다. 그 뒤로 나는 안연처럼 되기를 포기했다.

선생님 또한 안연을 진심으로 아꼈다. 선생님은 틈이 날 때마다 안연 이야기를 했다. 수백 가지 중 몇 가지만 예를 들어보겠다.

"어질구나 회(안연)여! 한 통의 대나무 밥과 한 표주박의 마실 거리를 가지고 누추한 골목에 살면서도, 다른 이들은 그 근심을 견디지 못하는데 회는 그 즐거움을 바꾸려 하지 않으니, 어질구나, 회여!"

"안회라는 자가 있어 배우기를 좋아하고, 노여움을 남에게

옮기지 않고, 똑같은 잘못을 거듭하지 않았습니다."

"안회는 그 마음이 석 달 동안 인을 어기지 않았고, 그 나머지 제자들은 하루나 한 달 정도 인을 지킬 뿐이다."

다른 제자를 칭찬했다면 질투했을 것이다. 그를 이기기 위해, 내가 더 낫다는 말을 듣기 위해 노력했을 것이다. 안연은 아니었다. 안연은 도저히 따라갈 수 없는 사람이었다. 오죽하면 선생님이 스스로 안연만 못하다고 말했겠는가?

공자의 『논어』

안연이 탄식한 이유 _ 자한 9.10

안연이 크게 탄식하면서 말했다.
"우러러볼수록 더욱 높으시고, 파고들어가 보려고 하면 더욱 견고하시구나. 바라보면 앞에 계시다가 어느새 뒤에 계신다. 선생님께서는 차근차근 사람들을 이끌어주시고, 문헌으로써 나를 넓혀주시고, 예(禮)로써 나를 단속해주시니 그만두고자 해도 그만둘 수가 없다. 이미 나의 재주를 다하면 [어떨 때는 이제] 자립할 수 있다는 생각도 들지만, [그럴 때마다 선생님의 가르침이] 우뚝 서 있으니, 비록 따르고 싶어도 어떻게 따라야 할지 모르겠구나."

  顏淵喟然歎曰: "仰之彌高, 鑽之彌堅. 瞻之在前, 忽焉在後.
  안연위연탄왈 앙지미고 찬지미견 첨지재전 홀언재후

  夫子循循然善誘人, 博我以文, 約我以禮, 欲罷不能.
  부자순순연선유인 박아이문 약아이례 욕파불능

  旣竭吾才, 如有所立, 卓爾, 雖欲從之, 末由也已."
  기갈오재 여유소립 탁이 수욕종지 말유야이

배우기를 좋아한 안회 _ 옹야 6.2

애공이 물었다.
"제자들 가운데 누가 배우기를 좋아합니까?"
공자가 대답하셨다.
"안회라는 자가 있어 배우기를 좋아하고, 노여움을 [남에게] 옮기지 않고, [똑같은] 잘못을 거듭하지 않았습니다. 불행하게도 목숨이 짧아 죽었습니다. 지금은 [그런 자가] 없으니, 배우기 좋아하는 사람을 듣지 못했습니다."

哀公問, 弟子孰爲好學? 孔子對曰: "有顔回者好學,
애공문 제자숙위호학 공자대왈   유안회자호학

不遷怒, 不貳過. 不幸短命死矣. 今也則亡, 未聞好學者也."
불천노 불이과 불행단명사의 금야즉무 미문호학자야

『논어』 깊이 보기

'안연이 탄식한 이유' 부분은 감탄과 놀라움의 감정이 글 전체에 가득합니다. 아마 『논어』 전체를 통해서도 가장 아름다운 구절일 거라고 저는 생각합니다. '바라보면 앞에 계시다가 어느새 뒤에 계신다.'라는 구절은 참 독특합니다. 스승의 입장에서 끌어주는 것뿐만 아니라 뒤처지지 않도록 뒤에서 도와주기도 한다는 뜻이지요.

'배우기를 좋아한 안회' 부분에서 공자는 공부를 좋아하는 사람의 두 가지 특징을 말합니다. 첫 번째는 화풀이하지 않는 것입니다. 화를 옮기지 않고 견디며, 감정을 다스립니다. 두 번째는 잘못을 반복하지 않는 것입니다. 누구나 잘못을 저지를 수 있습니다. 공부를 좋아하는 사람은 잘못하지 않는 사람이 아니라 잘못을 깨닫고 반성하여 되풀이하지 않는 사람입니다.

공자는 광이라는 곳에 붙잡혀 갇혀 있었던 적이 있습니다. 간신히 빠져나왔는데 안연이 뒤처졌습니다. 안연이 한참 지난 다음에야 오자 공자가 안연의 손을 잡으며 이렇게 말했습니다.

"나는 네가 죽은 줄 알았다."

공자가 안연을 얼마나 걱정했는지 알 수 있는 장면입니다. 더 재미있는 건 안연의 대답입니다.

"선생님이 계시는데 제가 어찌 죽을 수 있겠습니까?"

안연은 공자의 마음을 읽은 듯 대답했습니다. 이런 것을 어려운 말로 '이심전심'이라고 합니다.

하지만 안연은 자신이 한 말을 지키지 못했습니다. 공자보다 먼저 세상을 떠나고 만 것이지요. 공자는 무척 슬퍼했습니다. 『논어』 '선진' 편에는 온통 안연의 죽음 이야기뿐입니다. 한 구절 한 구절에 공자의 진심이 들어 있습니다. 대표적인 구절을 살펴 볼까요?

> 안연이 죽자, 공자께서 말씀하셨다.
> "아! 하늘이 나를 버리시는구나. 하늘이 나를 버리시는구나." (선진)

> 안연이 죽자 공자께서 곡을 하며 비통해 하셨다. 모시고 있던 사람이 말했다.
> "선생님께서 비통해 하시는군요!"
> [공자께서] 말씀하셨다.
> "비통해 한다고? 이 사람으로 인해 비통해 하지 않으면 누구로 인해 그렇게 하겠느냐?" (선진)

이 두 사람의 관계는 후대 철학자인 장자의 글에도 등장합니다. 장자는 안연이 공자에게 다음과 같이 말했다고 썼지요. 역시 참 아름다운 글입니다.

> 선생님께서 걸으시면 저도 걷고, 선생님께서 빨리 걸으시면 저도 빨리 걷고, 선생님께서 달리시면 저도 달립니다. 그러나 선생님께서 아주 빨리 달려 티끌 하나 일지 않을 때는 저는 그만 뒤에서 놀라 눈을 부릅뜰 뿐입니다. (『장자』, 전자방)

제자 자로의 이야기

전수받은 것을 익히지 않았는가?

(학이)

내가 원하는 성공과 선생님의 바람과는 차이가 있었다. 선생님 곁에 머문다고 높은 벼슬을 하거나 왕이 되리라는 보장은 없었다. 하지만 선생님은 자신의 뒤를 따르게 만드는 묘한 매력을 지닌 분이었다. 선생님 또한 내 마음을 알아주었다. 선생님은 행동에 있어서 조심해야 할 점, 인생의 목표 같은 것을 내게 넌지시 알려주곤 했다. 애정 없이는 불가능한 일이었다. 선생님의 여러 말 중 가장 기억에 남는 건 선생님 일생을 십 년 단위로 되돌아본 것이었다.

"나는 15세에 배움에 뜻을 두었고, 30세가 되어서는 자립했으며, 40세가 되어서는 미혹되지 않았고, 50세가 되어서는 천명을 알게 되었으며, 60세가 되어서는 귀가 순해졌고, 70세가 되어서는 마음이 하고자 하는 대로 따라도 법도를 어기지 않았다."

어려운 말 하나 없이도 깊이가 대단했다. 나는 이 말을 머리에 새겨두었다. 필요할 때마다 되새겼다. 공부하고 실천하고, 사람들의 마음을 헤아리고, 목표를 이루는 삶을 살기 원했다. 나는 처음으로 선생님처럼 살고 싶다는 생각을 했다. 선생님이 얼마나 좋았으면 성공만을 원했던 나의 인생 목표를 포기할 생각까지 했겠는가?

하지만 뜻밖의 일이 일어났다. 나는 선생님에게 심한 배신감을 느꼈다. 지금까지의 믿음이 단번에 허물어졌다. 발단은 선생님의 병이었다. 선생님은 심하게 앓았다. 연세가 많아 자칫 곧 세상을 떠나게 될 수도 있을 것 같았다. 나는 만일을 위해 장례 준비를 했다. 선생님의 수준에 맞게 화려하고 위엄 있는 장례를 준비했다. 자공이 말렸지만 듣지 않았다. 선생님이 쓸쓸하게 세상을 떠나는 게 싫었기 때문이다. 높은 벼슬의 대신과 똑같이 선생님의 장례를 치러드리고 싶었다. 다행히 선생님은 병에서 회복되었다. 선생님은 정신을 차리자마자 나를 모질게 꾸짖었다.

"누가 무리해서 장례를 치르라고 했느냐? 하늘을 속이란 말이냐? 나는 그저 제자들 곁에서 죽으면 그걸로 족하다. 내가

길바닥에서 죽는 것도 아니지 않느냐?"

내가 말했다.

"선생님은 대신보다 훌륭한 분입니다. 당연히 그 격에 맞추어야 하지 않겠습니까?"

선생님은 큰 목소리로 나를 혼냈다.

"좀 나아진 줄 알았더니 여전히 형편없구나. 자로 너는 언제부터 나를 속이고 살았느냐?"

선생님은 나의 마음을 무시했다. 나를 이해하려 하지도 않았다. 더 참을 수 없었다. 나는 선생님에게 절을 하고 선생님 집을 떠났다.

며칠 후 선생님이 나를 불렀다. 선생님이 내게 물었다.

"너를 몰라줘서 화가 났느냐?"

선생님에게 거짓말하고 싶지는 않았다. 그렇다고 대답했다. 선생님이 말했다.

"자로야, 남이 자기를 알아주지 않는 것을 근심하지 말고, 자기가 남을 알지 못하는 것을 근심하라."

선생님은 내 마음을 뚫어보고 있었다. 과연 선생님이었다. 그 한마디에 선생님에 대한 서운한 감정이 사라졌다. 선생님에게 말했다.

"전에 염구가 선생님에게 이렇게 말했습니다. '능력이 모자라서 선생님을 따라갈 수 없습니다.' 부끄럽지만 저도 마찬가지입니다."

선생님이 말했다.

"네 말대로 능력이 부족한 사람은 중간에 그만둔다. 하지만 네가 모르는 게 있다. 너는 능력이 부족한 게 아니다. 스스로 못한다고 선을 긋고 있는 것이니라."

나는 고개를 푹 숙였다. 노력도 안 하고서 못 하겠다고 말한 자신이 한심했다. 선생님이 말했다.

"자로야, 나처럼 되고 싶으냐?"

"네."

"그럼 증자가 말한 이 세 가지를 반성하면서 매일매일을 살아라."

"알려주십시오."

"다른 사람을 위해 도모하는 데 충심을 다하지 않았는가? 벗들과 사귀면서 믿음이 없었는가? 전수받은 것을 익히지 않았는가?"

"명심하겠습니다."

"자로야, 너에게는 남에게 없는 장점이 있다. 다 떨어진 솜옷을 입고도 가죽옷 입은 사람 앞에서 부끄러워하지 않는 사람이 바로 너다. 그러니 너의 장점을 살리고 단점을 보완하기 바란다."

선생님의 칭찬에 마음이 풀렸다. 기분이 좋아 노래를 흥얼거렸다. 선생님이 혀를 차며 말했다.

"그렇게 금세 기분이 달라져서야 어찌 올바른 사람이라고 하겠느냐?"

나는 다시 선생님에게 머리를 조아렸다. 선생님이 말했다.

"자로야, 이제 내 곁을 떠나거라."

잘못 들었나 싶었다. 좋은 말씀 잔뜩 해주고 떠나라니 무슨 뜻일까?

"싫습니다. 선생님 곁에서 더 배우겠습니다."

선생님이 말했다.

"자로야, 너는 내 제자보다는 귀족 가문의 관리가 되는 게 좋겠다. 마침 이름 높은 가문에 자리가 나서 너를 보낼 생각이다. 가겠느냐?"

나는 잠깐 고민했다. 귀족 가문의 관리가 되는 건 내 오랜 꿈이었다. 계속 노력하면 더 높은 자리에 오를 수 있을 것이다. 게다가 나를 가장 잘 아는 선생님이 마련해주신 자리였다. 나는 대답했다.

"가겠습니다."

"자로야, 한마디만 더 하마. 사람은 누구나 잘못을 저지른다. 올바른 사람도 마찬가지다. 하지만 올바른 사람은 곧바로 잘못을 고친다."

"선생님 말씀, 마음에 깊이 새기겠습니다."

며칠 후 나는 선생님을 떠났다. 막상 떠나려 하니 발걸음이 떨어지지 않았다. 선생님은 나와 함께 마을 어귀까지 걸었다. 선생님의 마음이 느껴졌다. 선생님이 말했다.

"자로야, 네가 내 제자라서 정말 고마웠다."

하마터면 눈물을 흘릴 뻔했다. 나는 울지 않았다. 선생님에게 깊숙이 허리 숙여 절하고 길을 떠났다. 내 꿈만을 위해서가 아니었다. 선생님이 내게 기대했던 것, 올바른 사람이 되는 꿈도 함께 이루기 위해서였다.

공자의 『논어』

나이에 따라 살다 _ 위정 2.4

공자께서 말씀하셨다.
"나는 15세에 배움에 뜻을 두었고, 30세가 되어서는 자립했으며, 40세가 되어서는 미혹되지 않았고, 50세가 되어서는 천명(하늘의 명)을 알게 되었으며, 60세가 되어서는 귀가 순해졌고, 70세가 되어서는 마음이 하고자 하는 대로 따라도 법도를 어기지 않았다."

> 子曰: "吾十有五而志於學, 三十而立, 四十而不惑, 五十而知天命,
> 자왈   오십유오이지어학   삼십이립   사십이불혹   오십이지천명
> 六十而耳順, 七十而從心所欲, 不踰矩."
> 육십이이순   칠십이종심소욕   불유구

세 가지 반성할 일 _ 학이 1.4

증자가 말했다.
"나는 날마다 세 가지로 나 자신을 반성한다. 다른 사람을 위해 [무언가를] 도모하는 데 충심을 다하지 않았는가? 벗들과 사귀면서 믿음이 없었는가? 전수받은 것을 익히지 않았는가?"

> 曾子曰: "吾日三省吾身. 爲人謀而不忠乎? 與朋友交而不信乎?
> 증자왈   오일삼성오신   위인모이불충호   여붕우교이불신호
> 傳不習乎?"
> 전불습호

허명을 경계하라 _ 학이 1.16

공자께서 말씀하셨다.
"남이 자기를 알아주지 않는 것을 근심하지 말고, [자기가] 남을 알지 못하는 것을 근심하라."

　　子曰: "不患人之不己知, 患不知人也."
　　자왈　불환인지불기지　환부지인야

『논어』 깊이 보기

공자는 천하를 떠돌다가 68세에 노나라로 돌아왔습니다. 73세에 세상을 떠날 때까지 특별한 관직을 맡지 않았지요. 제자들과 함께하는 시간이 공자에게는 큰 기쁨이었을 것입니다. 하지만 제자 중 안연, 자로 등은 공자보다 먼저 세상을 떠났습니다. 공자의 마음이 몹시 아팠을 것입니다. 공자가 73세에 세상을 떠났을 때 곁을 지킨 사람은 자공이었습니다. 공자는 자공에게 이렇게 말했다고 합니다.

"태산이 무너지네! 기둥이 부러지네! 지혜로 세상을 밝혔던 사람들이 사라지네! 천하에 도가 없어진 지 오래이니 이제 아무도 내 말을 믿지 않는구나!"

공자가 세상을 떠났다는 소식을 들은 노나라 임금님은 다음과 같은 말로 공자를 추모했습니다.

"하늘도 무심하시네. 나를 도울 어른을 한 명도 남겨두지 않으시네. 아, 슬프도다!"

자공은 이 추모사를 마음에 들어 하지 않았습니다. 살아 있을 때는 모른 척하더니 죽은 뒤에야 훌륭하다고 말한 것이니까요. 자공은 공자의 무덤을 무려 6년이나 지켰습니다. 공자에 대한 존경의 마음도 한결같았습니다. 자공은 공자에 대해 물으면 이렇게 답했습니다.

"똑똑한 사람들은 언덕과 같아서 힘들어도 넘을 수 있습니다. 공자 선생님은 해와 달과 같아서 넘으려야 넘을 수 없습니다."

자공의 노력 덕분에 공자는 죽은 뒤 살아 있을 때보다 더 이름을 얻었습니다. 공자의 이름을 더 빛나게 만든 건 공자의 생각을 이어받은 철학자 맹자였습니다. 그래서 오늘날 유학을 공맹 사상이라고도 부릅니다.

살아서는 여러 나라의 외면을 받았던 공자는 죽은 뒤에 모든 이들의 스승이 되었습니다. 공자의 무덤에 사당이 생겼고, 마을이 생겼습니다. 수많은 이들이 지금까지 공자의 무덤을 찾고 있습니다.